edition

CW00509783

Die edition taberna kritika wird vom Bundesamt für Kultur (CH) mit einem Förderbeitrag für die Jahre 2021-2024 unterstützt.

Daniele Pantano, Friedrich Nietzsche
HIMMEL-BIMMEL-BAM-BAM
Alle Rechte vorbehalten

© edition taberna kritika, Bern (2022)
http://www.etkbooks.com/
Gestaltung: etkbooks, Bern
Coverillustration: Daniele Pantano

Bibliografische Information der Deutschen Nationalbibliothek: Die Deutsche Nationalbibliothek verzeichnet diese Publikation in der Deutschen Nationalbibliografie; detaillierte bibliografische Daten sind im Internet über http://www.dnb.de abrufbar.

ISBN: 978-3-905846-66-9

Daniele Pantano
Friedrich Nietzsche

HIMMEL-BIMMEL-
BAM-BAM

Mit einem Nachwort
von Elisabeth Wandeler-Deck

edition taberna kritika

"Eine Stimme kommt zu einem im Dunkeln."

--Samuel Beckett

A

Aber auch diesen Druck erleichtert die
    treuliche Freundschaft
Aber biete viel
Aber bloß Schnarchen und Schnaufen
Aber das Meer selbst war nicht genug ihm einsam
Aber du selber bist der Überflüssigste
Aber du weißt es ja
Aber du, Zarathustra
Aber gewiß ist, daß er unterging
Aber ich habe sie geblendet
Aber ihr – ihr sterbt, ihr sterbt
Aber immer gleich dem Korke
Aber jede Lava baut
Aber nichts für euch
Aber niedere Türen
Aber niemand dankt dir mehr
Aber nötig hat
Aber nun, in dieser kleinsten Hütte
Aber nur kurz ist die Freud! Denn bald enteil ich
    von neuem
Aber plötzlich, ein Blitz
Aber schon hängt
Aber wenig taugt ein versteckter Mann
Aber wenn sie lieben, blitzt es herauf
Aber wer *sollte* dich auch lieben
Abgenagt, abgeknappert

Abseits
Ach, daß du glaubtest
Ach, des Teufels ist mein Mündchen
Ach! Du hast bei jähem Blitzeleuchten
Ach, ihr sterbt dran, arme Wichter
Ach Kind, du weißt, ich liebe dich
Ach Kind, du weißt, wir lieben, lieben dich
Ach, meine Freunde
Ach, noch immer sehr ein Mädchen
Ach, noch immer sehr ein Mädchen
Ach, ohn Ende
Achselzuckt der Vogel Specht
Achselzuckt der Vogel Specht
Achselzuckt der Vogel Specht
Achselzuckt der Vogel Specht
Achselzuckt der Vogel Specht
Ach! und mich brechen
Ach Vogel, was hast du gemacht
Ach! Was ich schrieb auf Tisch und Wand
Ach wohl zum letzten Mal grüß ich den teuersten Ort
Adlerhaft, pantherhaft
A. Er steht und horcht: was konnt ihn irren
Afrikanisch feierlich
Ah, meine Stolze
Ähnlich, allzuähnlich
Alle – ach, so gut! so gut
Alle ewigen Quell-Bronnen
Allein ist mir die Nacht nicht schön
Alle Münder stets gespitzt
Allen Bumbums des Ruhms

Allen Kranken in die Nasen
Allen Liebenden blickt er eifersüchtig
Allerliebsten Freundinnen
Allerneuste Quintessenz
Aller Sünden
Alle Segnenden schauen nieder
Alles gab ich weg
Alles glänzt mir neu und neuer
Alles Glück auf Erden
Alles Glück will ja beglücken
Alles heiße ich gut
Alles Leben
Alles macht ihn stolpern
Alles teilen sie sich mit im vertrauten Gespräch
Alle Welt bezahlt
Alle Welt bezahlt
All ihr Ehren ist ein Quälen
All ihr Lob ist Selbstverdruß und Scham
All meine Tränen laufen
All mein Hab und Gut
Als auf allen vieren
Als das hunderterste Fähnchen
Als der Freiheit freister Bruder
Als du, große Hoffnung
Als durch offne Türen
Als eine geleimte Freundschaft
Als *ein* Schmerz: willst du darauf es wagen
Als Europäer
Als gält es *primum scribere*
Als ich einst Abschied nahm

Als ich in seliger Blindheit stand
Als ich jüngst, mich zu erquicken
Als ich nun wiederkam
Als keine neue Stimme mehr redete
Als Kritiker, als Wassermann
Als Luft um den kreisenden Ball
Als mir im ganzen Kopfe sitzt
Also
Also altes Wackelweibchen
Also denkt zu jeder Frist
Also erfanden sie sich die Wollust Gottes
Also, Freunde, soll's geschehn
Also moralischer Löwe vor den Töchtern der
       Wüste brüllen
Als sonst sie blickt
Als unser Heut und Gestern ist
Als verwirrter Schafen
Altäre feierlich geweiht
Alter, ach! und Wissenschaft gibt auch
       schwacher Tugend Kraft
Alter hergebrachter Weisheit
Amen
Amen
Amen
Amen! Und auf Wiedersehn
Amen! Und auf Wiedersehn
Am Gewissen leiden nur
Am Judengott fraß Judenhaß
Am meisten am Menschen litt
Amore die, selig aus Verstand

Amorosissima
Amorosissima
Am schönsten sieht die Welt
An alle guten und schlimmen Dinge hat sie schon geleckt
An deinem Sarge rütteln
An denen Wort und Wörtchen sterben
An der Brücke stand
An der Ticktack-Kette hängt
An dich gedrückt
An diesem Gedanken
An diesem Holze
An diesen Särgen und Leichentüchern
An dieser steinernen Schönheit
Angebunden, Krüppel-Greis
Angepflockt an *ein* Schicksal
An jedem Froste kalt
An jeder Wunde müd
An mir glühn und klopfen gefühlt
An Raum und flüchtge Stunden
An Rosen-Hängematten
An seiner Vollkommenheit litt ich, als ich
Arglistig in ihrer Scham
Auch alle Himmel, aufgehängt in Gold-Spinnetzen
Auch bis zur Stunde bin geblieben
Auch der Rauch ist zu etwas nütz
Auch die reinste Heiligkeit
Auch du! Auch du – ein Überwundener
Auch für die Gemse keine Bahn
Auch in nichts noch verwüstet
Auch nach hundert Todesgängen

Auch Rost tut not: Scharfsein ist nicht genung
Auch toten Mannes Auge
Auf allen Stelzen deines Stolzes
Auf breiten langsamen Treppen
Auf deinem Mißgeschick
Auf den Bergen haust jetzt Zarathustras Zorn
Auf den ebnen Himmels-Tennen
Auf Ehre
Auf ewig dahin
Auf Höhen bin ich heimisch
Auf immer grüne Auen niederstrahlt
Auf jede, jede Zeile
Auf *Lämmer* stoßen
Auf Lügen-Regenbogen
Auf meinem kalten
Auf meines Vaters Grab
Auf meines Vaters Grab
Auf müd gespannten Fäden spielt
Auf nackter Felsenklippe steh ich
Auf Ruhm hast du den Sinn gericht
Auf seinem Schicksal ein Schicksal stehend
Auf Zeiten längst verschwunden
Augen auch hinter dem Kopfe haben
Augen ruht ein Blick
Aus beiden Augen schaut
Aus deinem langen Jammer aus
Aus deinem Munde
Aus dem Sinn und lief zum Strande
Aus deutschem Herzen kam dies schwüle Kreischen
Aus diesen Trümmern baute ich eine Welt

Aus Europa
Aus fernsten Fernen
Aus meinem Wahrheits-Wahnsinne
Aus meinen Tages-Sehnsüchten
Aus meines Lebens Bronnen quill
Aus Narrenlarven bunt herausredend
Aus samtenen Schaudern
Aus tiefem Traum bin ich erwacht
Aus unbekannten Mündern bläst mich's an
Aus zögernden Augen
A. War ich krank? Bin ich genesen

B

Bald durch das Feld, bald durchs Papier
Bald krank und aber bald genesen
Bald wird es schnein
Bald wird es schnein
Bechern, läßt viel falln und rollen
Befehlend, indem er starb
Begehrlich schrie der Geier in das Tal
Bei abgehellter Luft
Bei abgehellter Luft
Bei bedecktem Himmel
Bei des Donners ungezähmtem Laut
Bei des Tales Dampf den giftefeuchten
Beim Ticktack von Gesetz und Uhr
Bei solcher Mitternacht
Beißzähnen: nach denen nämlich
Beizeiten leiste frei Verzicht
Belln ich kann und daß mein Mündchen
Bemoost, Runzeln auf der Gestalt
Bettler ihr! Denn euch zum Neide
Beutelchen
Bewies dann durch tausend Gründe
Biege mich, winde mich, gequält
Bin die große, ewge Amazone
Bin geschmückt mit hundert Fähnchen
Bin ich Atem, Dunst und Licht
Bin ich ein Spiegel, der drob trübe wird

Bin ich grimmig gram
Bin ich verdammt zum Kritzeln-Müssen
Bin, wie der Aar so frei
Bis auch die letzte Spur verschwand
Bis ich gar, gleich einem Dichter
Bis ihr alle, Zeil an Zeile
Bis solch Gewächs dir einst reicher und schöner erblüht
Bist aller Höhen Versunkenheit
Bist aller Tiefen Schein
Bist aller Trunkenen Trunkenheit
Bist alles und keins, bist Schenke und Wein
Bist du aus jedem Balsam Gift dir trankst
Bist du Minervas Liebling U-hu-hu
Bist du so neugierig
Bist du stark
Bist du stolz
Bist du wirklich Pfad der Sünde
Bist du zerbrechlich
Bist Phönix, Berg und Maus
Bist schon du selig vor Nüchternheit
Bis wir in die Grube steigen
Bitte nie! Laß dies Gewimmer
B. Jetzt erst glaub ich dich genesen
Bläht an meinem Steuer sich
Blas dich nicht auf: sonst bringet dich
Blasebalg der Tugend
Blase, blase wieder
Bleib nicht auf ebnem Feld
Bleib stark, mein tapfres Herz
Bleiche Dudu

Blendende Sonnen-Gutblicke, schadenfrohe
Blickt hervor die Heiligkeit
Blickt mich's an, Unendlichkeit
Blieb ich gleich dir zurück
Blieb wenig doch die Schrift zurück
Blitzesgleich die Geißel schlägt
Blitze zucken an den Brauen
Böse wurd ich, zog Gesichter
Boshaft abendliche Sonnenblicke
Bräche des Herzens zitternder Grund
Braucht es Pulverdampf
Braucht's des Zwanges
Braun, durchsüßt, goldschwürig
Brausender, wie lieb ich dich
Brausen wir . . . o aller freien
Brause, Wind, brause
Braust mein Glück dem Sturme gleich
Bricht plötzlich Leuchten aus
Bringt Honig mir, eis-frischen Waben-Honig
Brüder vor der Not
Bunt verlarvt
B. Wie jeder, der einst Ketten trug

C

D

Da bin ich daheim
Da denkt es rings
Da fandest du *dich*
Da fiel ich hinein
Da floh er selber
Dafür grüßt mich ihrer Blicke
Dafür komme ich
Dafür komme ich aus Europa
Da gelüstet's mich sofort
Da horcht es rings
Da kommt der Seelenfrieden
Da lieg ich, krank im Gedärm
Da mag wobald
Damit begann ich
Damit zwang ich mir jedes Muß
Dampf und Feuer wirft um sich
Dann
Dann acht der Lehre
Dann kniet ich an dem morschen Holz
Da, plötzlich, Freundin! wurde eins zu zwei
Daran erkenne ich dich
Darauf erglühet tief eingeschrieben
Darniedergeblitzt von dir
Darüber gingen
Darüber schwebte hoch und stolz
Darwin neben Goethe setzen

Das allein erlöst von allem Leiden
Das allerschönste Publikum
Das *andre* Beinchen
Das andre Beinchen
Da sank die Sonne; verklungen
Das Bild aus tiefer, tiefer Herzensnacht
Das bringt uns allzubald ans Ziel
Da schleudert's flammend und versengt
Das, das ist deine Seligkeit
Das – der Wahrheit Freier
Das – der Wahrheit Freier
Das dies – freut? Sind Dichter – schlecht
Da *seid* ihr, Freunde! – Weh, doch *ich* bin's nicht
Das Eingeweide
Das Erdenreich soll unser sein
Das Ewig-Närrische
Das Fangnetz aller Tugend
Das Fest der Feste
Das Glück auf ihm seinen Mittagsschlaf
Das grüßt mit artigem Genick
Das hilft dir von der Dyspepsei
Das hinkt, das trägt des Teufels Huf
Da singt ein Vogel durch die Nacht
Das ist ihr bester Mut
Das ist im Kriege alles
Das ist jetzt stumm und taub und blind
Da sitze ich nun
Da sitze ich nun
Da sitzen sie
Das keine Ruh hienieden

Das kein Nein befleckt
Das kein Wunsch erreicht
Das Kind kann nicht leben
Das klopft mir wohl noch nachts an Herz und Fenster
Das Kreuz, als sie's versprach
Das lange Wort sogar
Das Leben gern zu leben
Das Leben selber schuf sich
Das lügen muß
Das Meer fletscht die Zähne
Das milde Abendläuten
Das mir die Kindesseligkeit
Das mir vom Himmel niedertaute
Das Mitleiden mit allem Niedrigen verführte ihn
Das predigt, plätschert für und für
Da spricht er auch
Daß allezeit
Daß *alt* sie wurden, hat sie weggebannt
Das schreibt und schreibt sein unausstehlich
      weises Larifari
Daß dein Glück uns nicht bedrücke
Daß die liebe Seele wich
Daß doch auf dieser Welt
Daß du den Götzendiener in *dir* umwarfst
Daß *du ewig* bist
Daß du in Urwäldern
Daß du *notwendig* bist
Daß ein Blitz in ihre Speise schlüge
Daß eisger Schauder deine Wange
Daß er Dir – ewig sei ihm Preis und Dank

Daß er, gleich manchem Mönchlein
Daß ich die Feder, die zu preisen, spitze
Daß ich einst soll sterben
Daß ich mit Reimen zierlich dich umflechte
Daß ich nicht an *ihrem* Stricke
Daß ich verbrannt sei
Das sieht mich an und spricht: wir *waren's* doch
Daß ihr an dem, was ihr liebt
Daß in der lieben Frühlingszeit
Das sind Krebse, mit denen habe ich kein Mitgefühl
Daß jemand ihn aufhalten könnte
Das soll man sich nehmen
Das sollte Tisch und Wand mir zieren
Das springt heran so wohlgemut
Daß Sehnsucht quillt
Daß wir noch alle wallen
Da stehn sie da
Da steht nichts Gutes, nichts Böses fast
Das tote Auge: Kind
Das Unvergängliche
Das war dein Mut
Das war ein Tag der Schmerzen
Das Weib hört's und – tut's
Das weiße Meer liegt eingeschlafen
Das will mir recht bedeuten
Das wissentlich, willentlich lügen muß
Das wohlriechendste aller Mäulchen
Das wohnt sich bald euch ein
Das Wort: Dem unbekannten Gotte
Das zarte Fellchen kraut

Das zweifelsüchtiger ist als alle Eheweibchen
Das zweifelsüchtiger ist als alle Eheweibchen
Dattel-Herzen! Milch-Busen
Da überläuft
Da vergaß sie darob, wie mir scheinen will
Da verleumdeten sie den Glücklichen
Davon
Da wachse ich aus der Erde
Da wachsen Sitten
Dazwischen erklingen viel Lieder
Dazwischen Weihrauch-Wolken, Kirchen-Duft
Dein blutend Herz in Eis und Hohn
Deinde philosophari
Deine eigene Beute
Deine großen Gedanken
Deine letzte zögernde Seligkeit
Deiner Liebe heimlich Walten
Deiner Liebe Purpur
Deiner Stimme Lust – und Wehgeheul
Deines Geistes heimlich Grüßen
Deines Schicksals
Deine stolzeste Gefangne
Deine stumme Schönheit
Dein Glück macht rings trocken
Dein herrisches Schicksal
Dein Lied im Wüsten-Vogel-Ton
Dem Balle gleich
Dem beides, Licht und Flamme
Dem Berge selber schüttelt sich
Dem, der unterwegs ist

Dem Eins in Allem liebend zugewandt
Dem Fleißigen neid ich seinen Fleiß
Dem ich in tiefster Herzenstiefe
Dem macht ein Nichts zu schaffen
Dem Manne nicht
Dem nichts das Maul mehr stopft
Dem Pergament vergleich ich's, das die Hand
Dem Rauche gleich
Dem standhaften Dulder
Dem Tage feind
Dem Volke fremd und nützlich doch dem Volke
Dem wonnigen Widerhall
Den bessern Teil, ihn bring ich zum Altar
Den Blättern
Den edelsten der Triebe
Den Freund, der Blitze und Blicke
Den Gedanken der Gedanken
Den genannten Südfrüchten
Den Gott *zerreißen* im Menschen
Den Gräbern mit alter Macht
Den heimatlosen Herrn
Den ich – was sag ich? – liebe, fürchte, *neide*
Denkendere Zeiten, zerdachtere Zeiten
Den Kopf am Knie, ein schaurig Loblied ächze
Den Kranken, Lebensmatten
Den kürzern zu ziehn
Denkt es aber, taugt es nichts
Denkt jeder, der für immer kommt
Denkt sie, nun, dann folgt sie nicht
Denkt vom Weine drum nicht schlechter

Den lieben Heimatsort
Den maienblauen
Den Mann *versteckt* die Schönheit
Den milden Augen nah
Den mit hartem Gebell
Den Mut mehr fand
Denn ein gar süßer Trost ist ein Brief vom
       Freunde entsendet
Denn es dreht um Liebe sich
Denn es dreht um Liebe sich
Denn gesund ist, wer vergaß
Denn ich entsprang
Denn, ich gesteh's, ich küßte
Denn ich liebe dich, o Ewigkeit
Denn, lacht er nicht, packt ihn das böse Wesen
Denn mein Glück – es liebt das Necken
Denn mein Glück – es liebt die Tücken
Denn schneller springt vom Fels herab
Denn Tugend-Geheul
Denn was ihr hört, ist Rom – *Roms Glaube ohne Wort*
Denn zartes Schuhwerk trägt
Den schlimmsten Einwand
Den schnellen Tod
Den Verwegnen
Der Affe seines Gottes
Der an Schlangengift krank ist
Der arme, arme Wandersmann
Der Bäume Wert ist ihnen – Schatten
Der das härteste Los zog
Der Dichter, der lügen kann

Der du an jeder Fessel krankst
Der du den Menschen schautest
Der du ohne Schiff und Ruder
Deren Gedanken kalt wie Ketten klirren
Der Erde kaum entwunden
Der Erde sich entringet
Der Ewigkeit
Der Fels selbst schaudernd
Der fernsten Welt gehört dein Schein
Der Freunde harr ich, Tag und Nacht bereit
Der Freunde harr ich, Tag und Nacht bereit
Der Friede in mein Herz
Der Frucht gleich, die ein Hauch vom Baume bricht
Der Fuß will stets mit Schreiber sein
Der ganzen Wandrung Hoffen
Der Geier und der jähe Eisesbach
Der Gewissensbiß
Der ginge drauf
Dergleichen mag nicht widerlegbar sein
Der Gold verschluckt hat
Der Gott war ich und dieser Grund
Der gute Vogel schweigt und sann
Der gute Vogel schweigt und spricht
Der hängt sich wohl
Der heißen Sonne nachzurennen
Der Himmel steht in Flammen
Der hübsche Mädchen liebt
Der Hundsstern winkt: woran gebricht's
Der *ist* von droben
Der Jugend Blütenwonne

Der kann allein Wahrheit reden
Der Kirche Schatten hüllte mich
Der Knabe mit den müden, heißen Augen
Der Knabe mit den müden, heißen Augen
Der Knabe mit den müden, heißen Augen
Der lebt dem Lobe selbst enthoben
Der Menschen-Qual nicht müde
Der Mensch ist böse
Der Mensch ist nicht der Gottheit
Der Mensch schuf Gott! – sagt drauf ihr Feinen
Der mich getroffen
Der milde Stern an meines Himmels Tor
Der Mittags-Freund – nein! fragt nicht, wer es sei
Der Mond ging schon ins Meer
Der Narren und Weisen Stelldichein
Der Narr – hört damit auf
Der Narr nennt's – Spiel
Der *neuen* Freunde! Kommt! 's ist Zeit! 's ist Zeit
Der *Niedrigste* zu sein
Der Ohren und der Sinne Heil
Der Pfeil des Bösen
Der Regen sprüht nach meinem Bette
Der Regen tropft und tropft
Der scharlachne Prinz jedes Übermuts
Der Schatten eines Stocks schon macht ihn stolpern
Der schmerzlich, herzlich
Der schönste Leib – ein Schleier nur
Der so ihnen schmeichelt
Der Sommer ins Gebirge steigt
Der Sommer ins Gebirge steigt

Der Sonne fluchen alle Matten
Der Stärkste war's, der solchen Zug gezogen
Der steigt empor – ihn soll man loben
Der stets nach kältern Himmeln sucht
Der Sturzbach wie zum Gruß
Der Tag klingt ab, es gilbt sich Glück und Licht
Der Tröster Tau gleich allen Trostmilden
Der ungeheure Tod blickt glühend braun
Der Vogel, der einst Phönix war
Der von dir nimmt
Der *Wahrheit* Freier – du? so höhnten sie
Der Weiseste fing damit an
Der *weise* Zarathustra
Der Widerspenstige
Der Wille erlöst
Der Wind sein Lied
Der wohnt bei dir zu Gast
Der Wolken duftge Fülle
Der Wüste nahe und bereits
Der Zeiger rückt, die Seele schaudert dir
Der zittert, dem du nahst, ein Schreckgesicht
Der zuckt, dem du sie reichst, die böse Rechte
Der Zukunft trauend, wo du selbst dir traust
Der Zweifel Furchen tief und hart
Der Zweisiedler mit dem Teufel
Des Daseins Abgrund blitzend aufzuhellen
Des Donnerlaufs der rollenden Lawinen
Des Erdballs rostge Feder
Des ewgen Vaters liebvolle Treue
Des Herren segensreiche Allgewalt

Des Lazerten-Leibchens dringt

Des Lebens duftgen Schaum

Des Lebens Lust und Glück

Des Lebens Schmutz, grau und erstarrt

Des Lichtes Flamme, glühend spricht

Des Tages müde, krank vom Lichte

Des Tages müde ward, und aller Sehnsucht Bäche

Des Schiffs Begierde hinzuwenden

Des Schmutzes Bilder

Des Sturmes Stöhnen – alles dir zum Ruhme

Des Weltalls ewge Räder

Deutsch ist dies Priester-Hände-Spreizen

Diamantnen Stromesschnellen

Dich aus der stummen Einsamkeit

Dich doch zu mir herab

Dich, Fieber, segnen

Dich heißen Glück

Dich lieb ich, Gräbergrotte

Dich, Marmor-Lügnerei

Dich nicht genug geliebt

Dich nicht zu schämen weißt

Dich selber angrabend

Dichter sich's zum Vers zurecht

Dich, Schlangenkost, dich, Erde

Dich weiß wie Schnee dich rings umzogen

Die alten laß! Laß die Erinnerung

Die auf eine keusche Weise wiehern

Die Augen aus

Die aus dem Herzen kommen

Die – bist du selber fast

Die Einsamkeit
Die Einsamkeit mürbt
Die Einsamkeit Verdirbt
Die einst zum Schmuck gedienet
Die Eis, ach! siebenfaches Eis
Die Feder kritzelt: Hölle das
Die Gegenwart ist schaurig
Die Gold-Zieraten nicht in Rosen-Pracht
Die große Furcht anfällt
Die große Kühle kommt
Die große Qual zwingt dich allezeit
Die Haut des Fuchses
Die Hochzeit kam für Licht und Finsternis
Die Hoffnung floh
Die Höhen rings erglühen
Die hübschen obendrein
Die *ich* ersehnte
Die ich mir selbst verwandt-verwandelt wähnte
Die ihr düster blickt
Die Insel ließ ihn steigen, auf dem Berg wurde er
      zur Flamme
Die Käuflichen
Die Kirche weiß zu leben
Die Körner Goldes – war's nicht Schein
Die Körner spülte leichter Sinn
Die Krähen schrein
Die Krähen schrein
Die Liebe einst hineinschrieb, noch, die bleichen
Die Liebe zehrt an mir
Die Lilien wanken

Die Luft geht fremd und rein
Die Maus, die einen Berg gebar
Die mich im Kampf darniederziehn
Die mich zu dir zwang
Die Nacht
Die Nacht ist schön
Die Nacht mich an
Die Nähe eines gastfreundlichen Herds
Die Narrenkappe werf ich tanzend in die Luft
Die Nase schauet trutziglich
Die Purpur-Wange deckt
Die Qual *übervoller* Scheuern, *übervollen* Herzens
Die Rose muß verwehen
Die Saaleck liegt so traurig
Dies alles bin ich – schaudernd fühl ich's nach
Dies alles bin ich, will ich sein
Dies Bild – ich küßt es schon
Die Schenke, die du dir gebaut
Die schlägt Wurzeln, wo
Die Schrift, die auf dem weißen Grund
Die Schuhe aus! welch dreimal heilig Land
Die schweren granitnen Katzen
Dies das heiligste Gebet
Dies eben such ich – Grund um Grund dafür
Die Seele rein und helle
Die Seele wahrlich tränk ich gern ihm aus
Diese Erde nicht zu klein
Diese Flamme mit weißgrauem Bauche
Diese heitere Tiefe
Diese letzten Gottesdiener

Diesem unvernünftgen Buche

Diese Münze, mit der

Diese Münze, mit der

Diesen Fledermäusen

Diesen Nachen

Diesen Neidboden ward mein Glück zum Schatten

Diesen ungewissen Seelen

Dieser Abgrund ist uns gemeinsam

Dieser Augen hilflos Suchen

Dieser blasse, fette Mann im Monde

Dieser braven Engeländer

Dieser Entlaufne

Dieser Seele halber heißt man mich den Glücklichen

Diese schönste Luft atmend

Dieses einsame Beinchen

Dieses höchste Hindernis

Diese Sprachsünde

Dieses Zeichen stellte ich vor mich hin

Diese Zeit ist wie ein krankes Weib

Dies ganze falsch verzückte Himmel-Überhimmeln

Die sich stets voll Trost, voll von Erhebung uns naht

Dies ist der Herbst: der – bricht dir noch das Herz

Dies ist der Herbst: der – bricht dir noch das Herz

Dies ist der Herbst: der – bricht dir noch das Herz

Dies ist der Herbst: der – bricht dir noch das Herz

Dies ist ein letztes Brücken-Zerbrechen

Dies ist ein Meerwind, ein Anker-Lichten

Dies ist ein Wille, dies ist ein Versprechen

Dies ist kein Buch: was liegt an Büchern

Dies ist kein Buch: was liegt an Büchern

Dies Lied ist aus – der Sehnsucht süßer Schrei
Dies Nonnen-Äugeln, Ave-Glockenbimmeln
Die Sonne meiner Weisheit stach
Die Sonne schleicht zum Berg
Die Sonne sinkt
Die Sonne steigt in wonnenvoller Pracht
Die Sträflinge des Reichtums
Dies war meine letzte Klugheit
Dies weihrauchdüftelnde Sinne-Reizen
Dies wünsch ich dir
Dies zuckersüße Bimbambaumeln
Die Tauben von San Marco seh ich wieder
Die Tinte fleußt, die spitze Feder sprüht
Die Tränke, die du drin gebraut
Die trinkt die Welt nicht aus
Die Tür springt auf
Die verfluchten Larven finden und zerbrechen müssen
Die verschämte Wahrheit
Die Wahrheit
Die Wahrheit hieß dies alte Weib
Die Wahrheit ist: er steigt zu euch hernieder
Die Wälder rings horchen und lauschen
Dieweil auf gelben Graspfaden
Die Welt – ein Tor
Die Welt ist tief
Die Welt *lebt* von diesem Lärm
Die Welt ward stumm
Die Werte aus Urzeiten
Die Wirklichkeits-Gläubigen
Die Wolken die in goldnen Bogen

Die Wüste wächst: weh dem, der Wüste birgt
Die zarten mit hinaus
Die zögert an Abgründen
Die Zukunft trüb und weit
Die Zweige senken sich herab
Dir Gast zu sein
Dir glüht sie auf
Dir Liebe – zuwedeln
Dir und mir verwehte Leiden
Doch alle Lust will Ewigkeit
Doch an seiner Pforte steht
Doch bleibt das Wort ein zartes Wesen
Doch der Dichter – Reime flicht er
Doch – die Entfernung hemmt nicht der Seelen
        stete Verbindung
Doch einsam da – Gott sei's geklagt
Doch einsam singen – wäre dumm
Doch hierin lebt ein ewig *Heute*
Doch *ihr* sagt: Narrenhände schmieren
Doch jener kommt allzeit von oben
Doch Menschen lieb ich
Doch schrieb der Tod ein Mächtig Nein
Doch *sehen* wir die Antwort nur
Doch *sehen* wir sein Sprechen nur
Doch sich Gedanken *machen* – das verlernt ich gern
Doch umsonst! Aus deinem Blicke
Doch unter dieser Liebe fraß
Doch wehe nun! Gefährlich ist *der* Pfeil
Doch wenn die Arbeit abgetan
Doch wer nur steigt auf seiner eignen Bahn

Doch zwischen dem und mir die Mitte
Dort der Galgen, hier die Stricke
Dorthin – *will* ich; und ich traue
Dort oben im öden Gestein
Dort rollen Lichtmeere
Draußen ist's kalt, ich höre regnen
Drüber hin im roten Lichte
Drum fällst du, Nashorn ohne Horn
Drum lerne – abwärts sehn
Drum lerne dich erheben
Drum sitz ich statt auf Gold auf meinem Steiß
Drunten ist die Quelle
Du aber dankst jedem
Du *Ärmster* aller Reichen
Du behorchst mein Herz
Du – bist der Stein, die Wüste, bist der Tod
Du Blitz-Verhüllter! Unbekannter! sprich
Du des Todes
Du drängst mich, drückst mich
Dudu und Suleika
Du Eifersüchtiger
Du ein Dichter? Du ein Dichter
Du folgest mir, du gehst mir nach
Du Folterer
Du Freundin liebst es, nah mir zu erscheinen
Du gibst dich ab
Du grimme Göttin, der ich tief gebückt
Du hältst es nicht mehr aus
Du hast kleine Ohren, du hast meine Ohren
Du – Henker-Gott

Du herbe Göttin wilder Felsnatur
Du höhnisch Auge, das mich aus Dunklem anblickt
Du hörst mich atmen
Du irrtest, wüster Vogel, ob ich gleich
Du Jäger hinter Wolken
Du klagst, daß nichts dir schmackhaft sei
Du kommst zu früh! Du kommst zu spät
Du kommst zu mir
Du lichte Himmelskerz
Du lieblich Ding zum Scherzen
Du Liebling weit und nah
Du liebste Göttin
Dumm, mit Lammsmilch-Wohlwollen
Du möchtest schenken, wegschenken deinen Überfluß
Du mußt *ärmer* werden
Du mußt wieder ins Gedränge
Du Nachtigall, o schwinge
Du Narr! du Dichter
Du opferst dich, dich *quält* dein Reichtum
Du Räuber hinter Wolken
Du Rauch, kündest du nicht
Durch die weite Welt
Durch die Wollust der Hölle ist noch kein
      Weiser gegangen
Durch dumpfes Läuten auf
Durch eignen Sieg verwundet und gehemmt
Durch euer Niedrigstes
Durch ihn kannst du hienieden
Durch jedes Fenster springend
Durch schwarze Bäume um dich liefen

Du sahst das Auge nicht, das wonnenreich
Du schadenfroher unbekannter Gott
Du schleichst heran
Du schonst dich nicht, du liebst dich nicht
Du schweigst, antwortest nicht
Du schweigst – doch sind die Tränen
Du schwiegst – und starbst vor Sehnen
Du siehst aus, wie einer
Du speichelflüssige Hexe Zeit
Du sprachst zu mir, unfähig Menschentrugs
Du *stärkst* sie sonst
Du stärkst sonst ihre *Tugend*
Du stilles Himmels-Dach, blau-licht, von Seide
Du strenger Turm, mit welchem Löwendrange
Du suchtest die schwerste Last
Du tief in meine Seele Greifender
Du überklingst den Platz mit tiefem Klange
Du Überreicher
Du Überreicher
Du unbekannter – *Gott*
Du Unfaßbarer, mir Verwandter
Du Verderber vieler
Du verwächst mir noch mit deinem Grabe
Du Wandersmann
Du wirfst dich nicht ab von dir
Du zeigst mir drohend dann des Geiers Spur
Du zitterst, fällst

E

Edler Name, hübsches Bein, Mann dazu: o wär *er* mein
Ehren-Tölpeln, Tugend-Gänsen
Ehrt in mir die Narren-Zunft
Eid- und Ehebrechern
Ein andrer ward ich? Und mir selber fremd
Ein Basilisken–Ei
Ein Biß aus Liebe
Ein Blitz wurde meine Weisheit
Ein Büßer, ob in jugendlichen Jahren
Eine Blüte uns zum Ruhme
Ein Ei
Einem Europäer unter Palmen
Einem Kinde gleich zu führen, zu überlisten
Einem lüsternen, fetten Mönche gleich
Einem Raubvogel-Gelächter
Einen Adler seh ich schweben
Eine neue Glut hebt es empor
Einer Dattel gleich
Einer, der schon nicht mehr aufrecht steht
Einer, der segnen muß
Einer, der seinen Ruf *aufgespart* hat
Eine *reife* Wahrheit breche ich allein vom Baum
Einer Tänzerin gleich, die, wie mir scheinen will
Einer Wolke gleich
Eine Schlange gerad aufgerichtet vor Ungeduld
Eines Dichters und Narren Seligkeit

Eines Gottes Türwart
Eines Löwen würdig
Eines Panthers und Adlers Seligkeit
Eine Stunde, leicht auch zwei
Eine Totengräberliebe
Eine Viertelstunde lang
Eine Wahrheit wandelt über mir
Eine Wetterwolke schleicht er seines Wegs
Ein feierlicher Zuspruch
Ein Feind hat
Ein fettes Krötchen zu verschlucken
Ein Forscher ich? O spart dies Wort
Ein Fragezeichen
Ein fremder Atem haucht und faucht mich an
Ein Gedanke
Ein Gedanke? Spott und Hohn
Eingefangen, eingeklemmt
Ein Gefangner nun
Eingefangner Verbrecher
Ein Gefängnis
Ein Gefühlchen eher schon
Eingeknöpft in strenge Kleider
Eingekrümmt
Ein Gelehrter *alter* Dinge
Ein gesalbter Spruch
Ein Gesetz
Ein Glitzern, das Gebirg
Ein glitzernder tanzender Bach, den
Ein glühender Stier, – der hört kein Schrein
Ein Gott gezogen

Ein gut Gebiß und einen guten Magen
Ein heimlich glimmender Rachebrand
Ein Hund empfängt
Ein klapperdürres Kling-Kling-Kling
Ein Kranker nun
Ein krummes Bett
Ein langer Lauerer
Ein Leben zwischen Särgen und Sägespänen
Ein Leichnam
Ein Mann verlor durch sie jüngst den Verstand
Ein müder Wanderer
Ein müdes Rätsel
Ein neues Jahr durch seine Huld gegeben
Ein Niederschauender bin ich
Ein Opferstein jäh hinaufgetürmt
Ein Paradeis
Ein Räder-Brausen, ein Steuer-Richten
Ein Rätsel für *Raubvögel*
Ein Raubvogel vielleicht
Ein *regenloses* Land
Ein *regenloses* Land
Ein Reisender in Waffen
Ein Ringer, der zu oft sich selbst bezwungen
Einsam
Einsam
Einsam durch den düsterblauen
Einsame Tage
Einsam loht der Stamm der Fichte
Einsam mit dir
Einsam zu denken nenn ich weise

Ein Schaffender an seinem siebenten Tag
Ein *schlimmer* Jäger ward ich! – Seht, wie steil
Ein *Selbsterkenner*
Einsiedler! Hab ich dich erkannt
Einsiedlerisch auf einem Baumstumpf sitze
Eins in Drein sind Freunde
Ein so lieblicher Oasis-Bauch war
Ein Sonnenfleck an winterlichen Hängen
Ein Spiegel ist das Leben
Einst, daß schnell zum letzten Örtchen
Einst der Deutsche zu Verstande
Ein Stern erlosch im öden Raum
Einst hieß ich die Wolken
Einstmals – ich glaub, im Jahr des Heiles Eins
Einst sprach ich mehr Licht, ihr Dunklen
Eins ward, ein *Fluch*
Ein Tauwind
Ein Tauwind verschneiten Seelen
Ein Tier, ein listiges, raubendes, schleichendes
Ein Totengräber-Handwerk
Ein totes Wort – ein häßlich Ding
Ein Tugend-Untier
Ein Vogel lud mich her zu Gaste
Ein Vogelnest ist's, drin ich raste
Ein vornehmes Auge
Ein Weibchen lock ich von den Höhn
Ein Weib, nichts Besseres
Ein *Wissender*
Ein Wolf selbst zeugte für mich
Ein würdiger Anfang

Ein Zaubrer tat's, der Freund zur rechten Seite
Eiskalten schneeweißen schneidigen
Empor, was es gebunden
Empor zum Herren über Tod und Leben
Endlich aber gab ich nach
Endlich schlug ich mir den Schlaf
Endlich sei Welt und Zeit
Engelchen: so nennt man mich
Engelchen: so nennt man mich
Engelchen: so nennt man mich
Engelchen: so nennt man mich
Engelchen: so nennt man mich
Engelchen: so nennt man mich
Engelchen: so nennt man mich
Engelchen: so nennt man mich
Enge Seelen
Entflohn die holden Träume
Entflohn Vergangenheit
Erbärmlich! wehe! wehe! abgeknabbert! Sela
Er bläst sein Wort wie Schleier nur
Er blickt sich nicht nach euren Ehren um
Er, der eifersüchtigste aller Kater
Er die Ellenbogen
Er einzig nur zu finden meint
Er hat des Adlers Auge für die Ferne
Erhebe sich das Jahr Dir, wie aus Morgenglühen
Erheb mein banges Herz
Erinnerung an Schöneres als ich
Erinnrung auf
Er klagt ihr nach

Er küßt sie harmvoll
Erlaubt! Ich lege Hand mit an
Erlernte ich das Finden
Er leuchtet siegreich – und die Lippe schließt
Er liebt die Alten nicht
Er malt zuletzt davon, was ihm *gefällt*
Er nimmt sie mit
Erratet ihr, um was ich bitte
Erschien mir wenn ich schlummernd
Er schoß ein leeres Wort zum Zeitvertreib
Er schreitet zu und steht nicht still
Er sieht euch nicht! – er sieht nur Sterne, Sterne
Er sinkt, er fällt jetzt – höhnt ihr ihn und wieder
Erstarb im Munde
Er steigt empor, und seine Flügel ruhn
Erste Morgenröte
Erster Morgenröte stürzt
Erstlingsgabe, eines Loses
Erstorben für die fernsten Wolkenwellen
Er träumt' vom toten Aas auf totem Pfahle
Erwägt! Noch steht ihr an der Pforte
Er wird's dem armen Mönchlein
Erzeugte nicht dieser beiden Ehebund
Erzitternd darob, *daß* er siegte
Es brüllt die Kanone, weiß dampft ihr Feuer
Es ehrt den, dem es sich offen zeigt
Es fröstelt mich: geh weg, du Reicher
Es geben Eisgebirg und Tann und Quell
Es geht ein Wandrer durch die Nacht
Es gibt so viel zu küssen

Es ist dahin
Es kam in stillen Träumen
Es kommt kein Zeichen
Es lacht das Meer, das Ungeheuer
Es lockt dich meine Art und Sprach
Es schaudernd, wie
Es scheint wirklich, wir haben einen Weg
Es schweigt mir jegliche Natur
Es sticht dein Klang mich wie ein Pfeil
Es stirbt oft schon an bösen Blicken
Es trägt ihn zu seinem Ziele
Es wäre möglich, daß wir mit *einem* Munde redeten
Es wohnt noch mancher Bock
Es zieht mich in den Strudel weit
Es zuckt die Lippe und das Auge lacht
Et manet ad finem longa tenaxque fides
Etwas Stärkeres, Herz-Stärkendes
Euch sucht der Bach, sehnsüchtig drängen, stoßen
Euer Gott, sagt ihr mir
Eure falsche Liebe
Euren Weg, o euren Weg
Eurer Torheit auf den Kopf
Europäer-Inbrunst, Europäer-Heißhunger
Ewig bin ich dein Ja
Ewiger Bildwerke Tafel
Ewiger Bildwerke Tafel
Ewiges Ja des Seins

F

Fächer- und Flatter- und Flitter-Röckchens
Fackeln schleudert meiner Augen Grimm
Fällst ewiglich in dich hinein
Fallt *ihr* mir schwer
Fangt mir, dem Fischer auf hohen Bergen
Feierlich
Fels, Feigenbäume, Turm und Hafen
Fern an duftger Bergeshalde
Fern brummt der Donner übers Land
Fernher kam Gesang
Fernstes zieht ihn allzusehr
Fest, frei und tapfer läuft er mir
Feucht vor Zärtlichkeit
Feuerzeichen für verschlagne Schiffer
Fiel auf die Gruft herab
Find ich selber mir schon Holz
Flamme bin ich sicherlich
Fliege fort! fliege fort
Fliege fort! fliege fort
Fliege fort! fliege fort
Fliege fort! fliege fort
Fliegen der Blicke glänzende Funken
Fliegst ewig aus dir hinaus
Flieg, Vogel, schnarr
Flieht ihr nicht vor euch, ihr Steigenden
Fluch auf Speichelseelen

Fluch dem Tugendbunde
Fluch der Bildung, wenn sie speit
Fluch, Fluch dem Schlunde
Flüchtge Rosse tragen
Flügelkäfern
Flugs verlorengehen
Flut vergüldet
Folgen soll das Weib, nicht denken
Folg mir, mein Freund! Entschließ dich frei
Fort aus unsrem Paradeis
Fort, fort, ihr Wahrheiten
Fort, fort Musik! Laß erst die Schatten dunkeln
Fortgehn von meinen Bergen
Fort mit ihm in die Höh und Ferne
Fragezeichen für solche, die Antwort haben
Frag nicht: warum
Französisch wärst du sein *accent aigu*
Freie – vor dem Tod
Freilich weiß ich recht wohl: Schuljahre sind
         schwierige Jahre
Frei – sei *unsre* Kunst geheißen
Freunde, gibt der Kampf
Freunde! Ja! So soll's geschehn
Freundin! Der sich vermaß, dich dem Glauben ans
         Kreuz zu entreißen
Freundin, sprach Columbus, traue
Freund *Zarathustra* kam, der Gast der Gäste
Friedloser, unbefreiter Geist
Fröhlich – *unsre* Wissenschaft
Fünf Fuß breit Erde, Morgenrot

Fünfmal warf ich die Angel über mich
Fünfmal zog ich keinen Fisch herauf
Fünf Ohren – und kein Ton darin
Fürchte, fürchte meinen Grimm
Fürchterlich sind meinem Sinn
Furchtsam geht er nun seines Wegs
Für den, der gut tanzen weiß
Für mich glüht, lauf ich, ein Lämmchen
Für sie, die Freundin, Mutter, Arzt mir war
Fürs teure Vaterhaus
Für uns, die freien, luftigen, lustigen Geister

G

Gäb ich sie je zurück
Gab mir Ruhe nicht das Kissen
Ganz glauben wollt
Ganz See, ganz Mittag, ganz Zeit ohne Ziel
Ganz stille
Gebt Antwort auf die Ungeduld der Flamme
Gebt einem Riesen nicht die Hand
Gebt heiße Hände
Gebt Herzens-Kohlenbecken
Gebt mir Leim nur: denn zum Leime
Gebückt arbeitend
Gedanken! Denn im grünen Wald
Gedanken einsteigen
Gedanken *haben*? Gut! sie wollen mich zum Herrn
Gedenkst du da, gedenkst du, heißes Herz
Gedenkst du noch, gedenkst du, heißes Herz
Geduldig duldend, hart, schweigsam
Geduld und Herz bricht mir dabei
Gefängnis atmend, Gram und Groll und Gruft
Gegen das Schicksal selbst will ich nicht stachlicht sein
Gegen dich – das Meer
Gegen Unwillkommnes
Geh aus dem Weg
Geh nur dir selber treulich nach
Gehorchen? Nein! Und aber nein – Regieren
Geht alles mir auch nach Wunsche

Geht es mir durch den Sinn

Geht frech er nachts auf verbotnen Wegen

Geh, Zarathustra, weg aus deiner Sonne

Geister Geist, mit dir zu zweien

Gelobt sei Gott auf Erden

Gen Abend geht's

Gen Himmel aus dem Abgrund

Genießend, bald des Schattens, ganz nur Spiel

Geraden Flugs

Gerader Stolz, gekrümmte Nase

Gerner noch – vor seiner Tür

Geschüttelt ach! von unbekannten Fiebern

Geschwätzig früh schon, der Pedant

Geschwind und ohne hinzugucken

Gespannt mein Bogen

Gestalt ich mir auch Gott

Gestern kam mir ein Gedanke

Gestern, Mädchen, ward ich weise

Gestern nachts, als alles schlief

Gestern sprach's in mir, wie's immer

Gestern ward ich siebzehn Jahr

Getroffen

Gewissenhafte

Gewißlich gern verzeihn

Gewöhnung wird daraus

Gezückten Zugs

Gib acht! du brütest mir noch

Gib heiße Hände

Gib Herzens-Kohlenbecken

Gib, ja ergib

Gib *Liebe* mir – wer wärmt mich noch
Gib mir, der Einsamsten
Gib weder dem Sieger
Gieß alle Mohne
Gieß Fieber! Gift mir ins Gehirn
Gifte denkt mein Hirn – nun kniee! Bete
Giftig-süßer, hoffnungsloser Neid
Giftpilz im Garten
Glänzt und zuckt seine Ungeduld
Glattes Eis
Glatt liegt Seele und Meer
Glaubt ihr wohl, daß wie ein Hündchen
Glaubt mir, Freunde, nicht zum Fluche
Gleich den Versen Homers müssen sie kommen
    und gehn
Gleich diesem: was ich aber in Zweifel ziehe
Gleich einem stillen Grab
Gleiche vor dem Feinde
Gleich ich nun – doch nicht aufs Haar
Gleich sieben Übeln
Gleich Stern und Ewigkeit
Gleich Taubenschwärmen in das Blau hinauf
Glitzernd, still, schwer
Glück, o Glück, du schönste Beute
Glückselgen Inseln, griechischem Nymphen-Spiel
Glühe und verzehr ich mich
Glüht nicht das Eis meiner Gipfel noch
Goldener Tropfen quoll's
Goldhell und gleich fließt ihm der Tag herauf
Goldhell und gleich zurück

Goldreifer Früchte – an den Kopf
Gondeln, Lichter, Musik
Gönnt ihr Frohen, Herzens-Freien
Gott, der Verfängliche
Gottes Ehebruch
Göttlich in meine dunkle Jugend warf
Göttlich ist des Vergessens Kunst
Göttlich ist des Vergessens Kunst
Gott liebt uns, *weil* er uns erschuf
Gottlos schien es den Alten einst
Gott selbst – fängt er immer an
Gott selbst – hat er je begonnen
Gram allen Lamms-Seelen
Grau kommt der Tag daher
Grausamster Feind
Grausamster Jäger
Grausamster Nimrod
Grausamster Stachel
Greife nach einem Dolch
Greifst du sie, so kneipen sie
Grimmen gelben blondgelockten
Grimmig gram allem, was blickt
Grüne herbe ungeduldige Wahrheiten
Grün zwischen Purpurröten
Gurgelnd alle Kehlen

H

Ha
Ha
Ha
Habe auch ich doch einst ähnliche Wege gewallt
Habe ich je dies Herz
Habe so Freud wie Leid mit dir zusammen genossen
Ha! Fluch der Dirn
Haha
Haha
Haha
Halb ist dein Leben um
Halb ist dein Leben um
Halbtotem gleich, dem man die Füße wärmt
Hallet über das Feld
Halt *neuen* Freunden deine Türen offen
Häng ihn – an den Sternen auf
Hart bist du! Sind wir denn von Stein
Hart, nachdenklich, vordenklich
Ha! schon viel zu nahe
Hat Blut in sich, kann herzhaft schnauben
Hat Gott dies eingericht
Hat sich und mich belogen
Hättet ihr viel zu verdauen
Heb ich vereinsamt meine Hände
Heidideldi
Heidideldi

Heidideldi
Heil! Da kamst du schon gleich hellen
Heil dir, Freundschaft
Heil euch, brave Karrenschieber
Heil, Heil jenem Walfische
Heil seinem Bauche
Heil, wer *neue* Tänze schafft
Heimat und Heimatsglück
Heimlich ein Gondellied dazu
Heimlichster, süßester Vorgenuß
Heimlich verbrannt
Heißt: die *Majestät verletzen*
Heiterkeit, güldene, komm
Hellen wir das Himmelreich
Hell, furchtbar, ein Schlag
Hell schmettern die Hörner; es schallen
Hengste sind unter ihnen
Herauf, Würde
Herbe ungeduldige Wahrheiten sehn
Hernieder den letzten Strahl
Hernieder und der Himmel weint
Herüber, hinüber
Herüber, hinüber
Herumschweifend, herumschleichend
Herumsteigend auf lügnerischen Wortbrücken
Hervor, nicht dumpfes Sehnen
Heute hängst du dich als Nebelhülle
Heut komm ich, weil mir's heute frommt
Heut locke ich sie, daß sie kommen
Heut schmückt mit Rosen

Heut strecke ich die Hand aus
Heut will ich gastfreundlich sein
Hienieder auf ein blühend Land
Hier am Platze sein
Hier auf glatten Felsenwegen
Hier ist das Meer, wirf *dich* ins Meer
Hier muß man Jäger sein und gemsengleich
Hier saß ich, wartend, wartend, – doch auf nichts
Hier sitzest du, unerbittlich
Hier, wo zwischen Meeren die Insel wuchs
Hier zu Gast zu sein
Hier zündet sich unter schwarzem Himmel
Hier zwischen fernstem Eis- und Felsenreich
Hilflos, mit verkrümmten Zehn
Hinab, hindurch – unter euch
Hinab ins dunkle Meer
Hingebend, begeistert außer mir
Hingelehnt zu Moos und Buche
Hingestreckt, schaudernd
Hinsichelnd, bis sie sinken
Hinunter, hinein
Hinunter will
Hin zur gelben Wand am Meer
Hochmütig gegen kleine
Höchstes Gestirn des Seins
Höchstes Gestirn des Seins
Hoch wuchs ich über Mensch und Tier
Höhnst du, Vogel? Willst du scherzen
Höhnt er grausam
Holdlächelnd sendet die Sonne

Holt dein Blick mich noch ein
Holt dein *Glück* mich noch ein
Hörte jemand ihr zu
Hört ich ticken, leise ticken
Hört ihr nicht aller Tiefen Bauchgrimmen-Gepolter
Hört jetzt meiner neuen Weisheit
Hört mein homerisches Geschrei
Hört überall er – Kettenklirren
Hu! Hu! Hu! Huh! Hu
Hundert bald: was gab es? Blut?
Hungrig auf krummer Fährte
Husch! in jeden Zufall
Hüte dich
Hüte dich zu warnen

I

Ich bin deine Wahrheit
Ich bin dein Labyrinth
Ich bin einer, dem man Schwüre schwört
Ich bin ein Fragender, gleich dir
Ich bin nicht schön
Ich bin nicht, was ich seh und sah
Ich bin nur ein Worte-Macher
Ich bin nur *schwer* – so manche Pfund
Ich – bin's nicht mehr? Vertauscht Hand, Schritt, Gesicht
Ich bin wie eine Münze alt
Ich bin wohl nie gebunden
Ich dachte dein: da floß
Ich falle, falle immerfort
Ich fragte, – keine Antwort lief mir ins Netz
Ich grüße
Ich habe dir und mir vergeben und vergessen
Ich hab gebrochen alter Zeit
Ich hab gebrochen, was mich hielt
Ich hab nicht Fried, nicht Ruh
Ich habe nie empfunden
Ich habe viel geweinet
Ich hebe die Augen nicht empor
Ich hieß den Wind mich aufwärts heben
Ich horchte mit dem Ohr meiner *Liebe*
Ich horchte mit dem Ohr meiner *Neugierde*
Ich hör dich lästern, lärmen, spucken

Ich hör's, sie tanzen
Ich kann den Himmel kaum mehr sehn
Ich kann nicht anders, Gott helfe mir
Ich kann nicht selbst mein Interprete sein
Ich kenne mancher Menschen Sinn
Ich lernte mit den Vögeln schweben
Ich lernte Schwamm und Besen führen
Ich lernte wohnen
Ich liebe es, gleich Wald- und Meerestieren
Ich liebe nicht die Greise
Ich lobe Gott, weil Gott die Welt
Ich möchte sterben, sterben
Ich muß empor und hör euch rufen
Ich muß weg über hundert Stufen
Ich muß weg über hundert Stufen
Ich schau auf dich und lasse still
Ich schlief, ich schlief
Ich schmückte sie zur Zierde
Ich schreib nicht mit der Hand allein
Ich sehe ein Zeichen
Ich sehe hinauf
Ich seh's, ich seh's – und sterbe so
Ich sollte dir zärtlicher begegnen
Ich sterbe jung
Ich stürbe gerne
Ich suchte, wo der Wind am schärfsten weht
Ich verbarg ihn euch – das Leben wird langweilig
Ich verlernte das Mitgefühl mit *mir*
Ich verlernte es, unter Zwergen zu leben
Ich wacht von schweren Träumen

Ich war nur müde, ich war nicht tot
Ich warte auf den ersten Blitz
Ich warte wie ein Hund
Ich warte: worauf wart ich doch
Ich weiß nicht, was ich glaube
Ich weiß nicht, was ich liebe
Ich werfe mich ins grüne Gras
Ich wette, wette
Ich will dich kennen, selbst dir dienen
Ich will dich kennen Unbekannter
Ich will euch melken
Ich wollte *das*, was ich muß
Ich wollte ihnen Licht sein
Ich wollte mir schon besser nützen
Ich wüßte, aus welch seidenweichem Zwange
Ich Zweifler aber ziehe es in Zweifel
Idylle rings, Geblök von Schafen
Ihm Antwort auch
Ihn fürchten macht
Ihr allerliebsten Freundinnen
Ihr allerliebsten Freundinnen! Sela
Ihr allerliebsten Mädchen
Ihr alten Freunde! Seht! Nun blickt ihr bleich
Ihre Kälte
Ihr Elend sei dir fremd und weit
Ihres allerliebsten, allerzierlichsten
Ihr fürchtet den gespannten Bogen
Ihr fürchtet mich
Ihr Geist ist molkicht
Ihr habt ihn verloren

Ihr höheren Menschen

Ihr höheren Menschen, es gab schon

Ihr Käfige und engen Herzen

Ihr Kühe der Höhe

Ihr kühlen Geister des Nachmittags

Ihr Lerchen, nehmt die Blüten

Ihr liebliches Maul auf

Ihr macht zum freisten Spotte

Ihr Meere der Zukunft! Unausgeforschte Himmel

Ihr müßt sie zwingen

Ihr plötzlichen Winde

Ihr Rauchkammern und verdumpften Stuben

Ihr rauscht zornig auf

Ihr schlimmen Vögelchen, herum

Ihr selber tragt ihn noch zur Unsterblichkeit

Ihr Sinn ist ein Widersinn

Ihr stehlt sie der Zukunft ab

Ihr steifen Weisen

Ihr stummen, ihr ahnungsvollen

Ihr Süßholz-Herz

Ihr Verzweifelnden! Wie viel Mut

Ihr Vöglein in den Lüften

Ihr Wellen

Ihr wendet euch? – O Herz, du trugst genung

Ihr Witz ist ein Doch- und Aber-Witz

Ihr wollt auf tapferen Füßen gehen

Ihr Wunderlichen! ihr zürnt gegen mich

Ihr zögert, staunt – ach, daß ihr lieber grolltet

Im Abgrunde ihres Mädchenblicks

Im eignen Safte

Im eignen Schachte
Im Fliegen lernt ich, was mich äffte
Im Gedränge wird man glatt und hart
Im grünen Walde möcht ich sterben
Im Höchsten ward für euch mein Tisch gedeckt
Im leisen Hauch und fragen mich
Immer hab ich geharrt, Tage und Stunden gezählt
Immer, immer nur auf *einem* Beinchen stand
Immer morgen, nur nicht heute
Immer nah, nie nah genug
Immer schwimmt sie wieder obenauf
Immer starrt er in das Blaue
Immer war ich solch ein Lämmchen
Im Norden – ich gesteh's mit Zaudern
Im Schatten der Eichen lag
Im Schweiße ißt man lieber nichts
Im Schweiße unsres Angesichts
Im Schweiße unsres Angesichts
Im teurem Vaterhaus
In alle Winkel zu kriechen
In Basel steh ich unverzagt
In blutigroten Lettern
Inbrünstger stets
In deinen tränenfeuchten
In den Grund und brach ein Rippchen
In den sich schamhaft – Schönres hüllt
In der heiligen Nähe
In der Schlacht ein Tänzer
In des Himmels fernes Leuchten
In *dich* – in *dich*

In dich selber eingebohrt
In dich selber eingehöhlt
In die Höhe *gedrückt*
In dieser kleinsten Oasis
In eignen Stricken gewürgt
In ein ewges Einerlei
In Fieber-Nacht
In Furcht vielleicht vor einem
In goldener Schrift einzeichnen
In grünen Lichtern
In heiligen Fluten
In heißer Sonne morgendlichem Strahle
In holder Irrnis grüblerisch zu hocken
In ihm *sich* zu erkennen
In ihrem Auge glänzet dann
In ihrer Seele; aber wehe
In immer tiefere Tiefen ringeln
In jeder Wildnis heimischer als in Tempeln
In jede Tiefe tauchte sie hinab
In jener Gegend reist man jetzt nicht gut
In kalten Fernen züngelt ihre Gier
In Kindesglauben
In meine heimlichsten
In meines Magens Schlünde
In mir nach dir
In mir sprach; nun hört mich an
In sanfter Kühle schick ich müßig Lieder
Ins Bett mit euch, ihr Zärtlinge
Ins Blaue – und doch fiel darob ein Weib
In *seine* Abgründe

In seinen Schattenräumen
In seiner linksten Zehe
Insgleichen von noch kleineren
Ins Herz, einsteigen
Ins Land, der Nüster blähet sich
Ins Ohr mir, daß ich stehen muß
Ins Paradies der alten Schlange
Interessanter ist – der Mann
In universellen Drang
In wilden Stunden
In Wonne auferstehen
Ist alles wilde, kühle Bergnatur
Ist auch der eine entfernt, die Liebe durchsegelt die Lüfte
Ist das noch deutsch
Ist das noch deutsch
Ist dein Jäger dir zu jung
Ist Dichter-Erschleichnis
Ist ein Gott der Liebe
Ist ein Gottesbiß
Ist eng und all sein Geist
Ist es wahr, daß ihr steigt
Ist für solchen Ehrgeiz
Ist größer als jedes Haus
Ist in diesen engen Käfig
Ist lieblich selbst im Ungeschick
Ist mehr als alles
Ist nicht mir Vater Prinz Überfluß
Ist nur dein Gleichnis
Ist's ein Spruch? Ein Bild? Im Husche
Ist sie eine Jagd nach Glück
Ist von Sorrentos Duft nichts hängenblieben

J

Jach hinab, heißhungrig
Ja, er starb an diesem Wörtchen
Jagen wir die Himmels-Trüber
Ja! Ich weiß, woher ich stamme
Ja! Mein Glück – es will beglücken
Ja, mein Herr, Sie sind ein Dichter
Ja, mein Herr, Sie sind ein Dichter
Ja, mein Herr, Sie sind ein Dichter
Ja, mein Herr, Sie sind ein Dichter
Ja, mein Herr, Sie sind ein Dichter
Ja! Mitunter mach ich Eis
Ja, neidlos blickt er: und ihr ehrt ihn drum
Ja sein Bild selbst uns unvergänglich malt
Ja, sie hat geschwinde Tätzchen
Ja, sie wich durch dieses Rippchen
Jauchzend darüber, daß er *sterbend* siegte
Ja, um Freund zu werden
Ja, wenn ihr mir, ihr schönen Freundinnen
Ja, wer vergibt mir nicht
Jedem Urwalde zuschnüffelnd
Jeder, der – ein Dietrich ist
Jeder Gedanke erdrückt
Jenseits des Nordens, des Eises, des Heute
Jenseits des Todes
Jenseits von Gut und Böse, bald des Lichts
Jetzo klingt mir's nicht mehr so

Jetzt

Jetzt

Jetzt

Jetzt ein Schiff, dereinst ein Mädchen

Jetzt ein Schiff, dereinst ein Mädchen

Jetzt erst, wo der Fuß müde ward

Jetzt kümmr' ich mich nicht mehr darum

Jetzt noch heiß-flüssig, Lava

Jetzt schon kost ich des Glücks, daß ich dem
       Größeren nachgeh

Jung: beblümtes Höhlenhaus. Alt: ein Drache
       fährt heraus

Jüngst ich in brauner Nacht

Jüngst Jäger noch Gottes

Jüngst noch der Einsiedler ohne Gott

K

Kam euch jemals ein Gedanke
Kämpferin mit Mannes-Haß und -Hohne
Kam, trotz schlumpichtem Gewande
Kannst du den Weg
Kannst du um die Ecke sehn
Kauernd
Kaum der Wind mit ungewissen
Kaum erwacht, hört ich dein Rufen
Kaum gehört, sprang ich vom Klippchen
Kaum herbstlich sonnenwarm und ohne Lieben
Kaum schielt der Tag durchs Fenster mir
Kehrn wir zur Erde zurück
Keine Grabes-Lockung
Keinem Genuesen mehr
Kein Entschuldgen! Kein Verzeihen
Kein feuchter Wind, kein Tau der Liebe
Kein feuchter Wind, kein Tau der Liebe
Kein grauer Kirchenvater
Kein Hund – dein Wild nur bin ich
Kein Pfad mehr! Abgrund rings und Totenstille
Kein Schiff fand je ein schöner Ziel
Kein Tropfen erreichte mich
Kein Vogel singt
Kein Willkommen dem Tode
Kenne dies aus hundert Gängen
Klang mir hier: was hört ich doch

Kleine Leute

Klingle mit vollem Beutel

Klug genug, den Zufall

Kohle alles, was ich lasse

Komm, komm, geliebte Wahrheit

Komm zurück

Könnt das Kind ihr tanzen sehn

Könnt ich mir selber ferner sitzen

Krämerseelen

Krank heute vor Zärtlichkeit

Kratzkatzen

Kriecht dann zum Ohre selbst dem Tauben

Krumm, aber zu *ihrem* Ziele

Krumm gehen große Menschen und Ströme

Kühlt sich mein heißes Herz

Kurze Rede, langer Sinn – Glatteis für die Eselin

Küssen muß den herben

L

Lache ich wieder
Lange Finger sehe
Lange starr in Abgründe blickt
Langsame Augen
Lang schweift sie schon herum
Laß dich rauben von dem Räuber
Laß die dunklen Männer schrein
Laß meinen Tränen Lauf
Laß mich dir entfalten
Laß mich dir erschließen
Läßt du sie, geht's rückwärts
Laßt sie nur schreien, rasen, schimpfen
Laub und Gras, Glück, Segen und Regen
Lauernd
Lauf auch der Sonne nach im Schatten
Lauf ich schon, wo lauf ich hin
Lauf ich tanzend dir entgegen
Läuft er in jeden Abgrund noch
Laut dröhnend Trommeten hinein
Lautrauschend ein lustiger Schall
Lebendgem Worte bin ich gut
Lebt er in Höhn jetzt, die das Leben flieht
Lebt wohl, ihr Zwiebeln
Lechzt das Herz allen heißen Datteln. Sela
Legen – ist kein kleiner Stolz
Leg ich mich aus, so leg ich mich hinein

Legst du um dich Teufelstücke
Lehnt breit sich in halbverschlossene Fenster
Leiden wollt
Lernt aus diesem Narrenbuche
Lernt es jemals stehn und gehen
Leutselig (bin ich) gegen Mensch und Zufall
Leutselig mit jedermann, auch mit Gräsern noch
Lichte leichte Luft, goldgestreifte
Licht wird alles, was ich fasse
Liebe den Feind
Liebe es, es bleibt dir keine Wahl
Liebe ich euch
Lieber, ach lieber
Lieber auf den Zehen noch
Lieber aus ganzem Holz eine Feindschaft
Lieber durch ein Schlüsselloch
Lieber lebt ich schlecht und schlicht
Lieber unter Diebsgezücht
Lieblich, bös, ein Mädchenblick
Lieblich laut mit Freunden lachen
Lieblichste Versündigung
Liebst den Abgrund noch
Liebt ich ein Weibchen, alt zum Schaudern
Lief ich zu rasch meines Wegs
Liege ich hier, von kleinen
Lodert aufwärts, aufwärts ihre stille Glut
Lohnt sich's schon, fromm zu sein
Lohnt sich's schon, fromm zu sein
Löscht man das alte aus
Lösegeld

Lösen wir die ganze Küste
Löwen-Untiere? oder gar schon
Lüstern nach einem runden Mädchen-Maule
Lüstern schleicht er um alle dunklen Ecken
Lust – tiefer noch als Herzeleid

M

Mache uns mündiger
Macht arm an Liebe
Macht Dunkel um mich mit euren Eutern
Machtet ihr aus alten Worten
Macht' ich's gut, so wolln wir schweigen
Macht' ich's schlimm –, so wolln wir lachen
Macht ihr denen, die euch zuschauen
Macht man nicht höflich erst: Klopf! Klopf
Macht meine Erinnerung erstarren
Mädchen-Katzen
Mag mich der Teufel frein
Mahnend rief ins Gedächtnis
Majestatem genii
Manch höhre G'walt
Man geht zugrunde
Man gibt Liebe nur dem Hungernden
Man knixt und geht hinaus
Man liebt nur die Leidenden
Man lispelt mit dem Mündchen
Man lockt und liebt dich, bis man dich zerreißt
Man muß Flügel haben, wenn man den Abgrund liebt
Man muß nicht hängenbleiben
Man muß sich schon lieben
Man muß, um *das* zu sehn
Mann und Kahn auf warmen Sande
Man tut es mit, sieht man lange zu

Man weiß, Gott liebt die Weibchen
Man wird dir noch den Bauch aufschlitzen
Mehr aber noch nach mädchenhaften
Mein Auge ist mir viel zu nah
Meine alten sieben Sachen
Meine gelehrte Anspielung
Mein einziger Genoß
Meine Liebe entzündet
Meinen Weg sehnsüchtiglich
Meiner Angeln und Netze
Meiner höchsten Hoffnung
Meiner Jugend hör ich noch
Meiner Weisheit A und O
Meine schönste Reverenz
Meine Seele
Meine Seele, ein Saitenspiel
Meine Seele selber ist diese Flamme
Meine Seele, wie ein Kätzchen
Meine siebente, *letzte* Einsamkeit
Meine Sonne stand heiß über mir im Mittage
Meine Stimme klang böse
Meine Wahrheit ist's
Meine Weisheit tat der Sonne gleich
Mein Geliebtester entwich
Mein Glück du bunter Traum
Mein Glück du heller Stern
Mein Glück du holder Mai
Mein Glück macht ihnen Wehe
Mein Glück, mein Glück
Mein Glück, mein Glück

Mein Glück! Mein Glück
Mein Glück! Mein Glück!
Mein großer Feind
Mein Gruß ist Abschied
Mein Henker-Gott
Mein Herz schlug mir so laut
Mein Jenseits-Glück
Mein Kommen Gehen
Mein Leben wie ein Sturm Durchschweifender
Mein letztes Glück
Mein Reich – welch Reich hat weiter sich gereckt
Mein sehnend Herz verbluten
Mein stolzes Menschlein, stets nach vorn
Mein Träumen und mein Hoffen
Mein Traum, mein goldner Traum entschwand
Mein Unbekannter
Mein unbekannter Gott! mein *Schmerz*
Mein verschlossen Herz
Mein zuckend Herz, ich warf es hin
Mensch, vergiß! Mensch, vergiß
Mich darnach zu fragen
Mich doch zu seinem Dienste zwingen
Mich dünkt, die Ritter entsteigen
Mich fressen die Wanzen
Mich für ein gutes Weilchen zu verlieren
Mich – ganz
Mich jetzt mit Lust und Grauen
Mich Lichtunhold
Mich ohn Furcht und Zagen
Mich Rätseltier

Mich seine Stimme wieder riefe
Mich selber zu mir selber – zu führen
Mich Verschwender aller Weisheit, Zarathustra
Mich – willst du? mich
Milch fließt
Milchwarme Weisheit, süßen Tau der Liebe
Mir – *dich*
Mir fortan und meinem Griff
Mir fremd, mir schauerlich und bang
Mir ins Gebein
Mir selber wirft dein Licht Schatten
Mir selbst entsprungen
Mir stets die Seele frei
Mir tief in die Seele hinein
Mir Trän um Träne, – ja, ich liebe dich
Mir ward alles Spiel
Mir ward so öd und traurig
Mir zum Troste
Mir zu sieben neuen Mut
Mischt Sein und Sein
Mischt *uns* – hinein
Mißtrauisch, geschwürig, düster
Mistral-Wind, du Wolken-Jäger
Mit allen deinen Martern
Mit Blicken hier dasselbe Wort
Mit dem Getön
Mit dem Strick deiner Weisheit
Mit diamantenem Schwerte durchhieb sie mir
       jede Finsternis
Mit Ekel trete ich sie *unter* mich

Mit Ekel trete ich sie *unter* mich
Mit fetten Händen
Mit fliegenden Dolchen schreibt der Schmerz
Mit gebundenen Pfoten
Mit gutem Schritt
Mit Handschuhen fasse ich diese Münze an
Mit Handschuhen fasse ich diese Münze an
Mit Honig opfr' ich allem, was da schenkt
Mit irrem Gelächter
Mit jedem Schritte heimlich
Mitleidig selbst dem Neid
Mitleid soll Sünde für dich sein
Mit lüsternen Lefzen
Mit mehr Sinn für das Rechte
Mit meinem Herz hab ich gespielt
Mit meinem Ruder schlage ich
Mit Narrenherz und Narrenhand
Mit Nüstern geschwellt gleich Bechern
Mit Ruhm-Geklapper
Mit Samtvorhängen
Mit schadenfrohen Götter-Blitz-Augen
Mittag ist ferne
Mittag schläft auf Raum und Zeit
Mittelmäßige Verständer
Mitten drin im Paradiese
Mit unsichtbaren Blitzen trifft sie mich
Mit Weiblein spielen
Mit Weisheit Tisch und Wand
Mit Witzbolden ist gut witzeln
Mit zähnestumpfen Pfeilen

Möchten sie mir herzhaft fluchen
Möcht ich das erste nennen
Möge Gott es bessern
Möge Gott es bessern
Mögen alle Schlüssel doch
Mög reicher Segen Dir in ihm erblühen
Mondhell war's und mild, ich traf
Moralisch brüllen
Morgenglanz und Sieg
Morgen kam: auf schwarzen Tiefen
Morgen schmeckt sie euch schon besser
Müde und selig
Müd sind all Sterne
Müßig steht nun mein Kahn
Muß lange – Wolke sein
Muß man sich nicht erst hassen, wenn man sich
          lieben soll
Mußt du darüberstehn
Mußt du es leicht und zierlich fassen
Müßt euch bücken und verstecken
Mußt ich plötzlich lachen, lachen
Mutwillig und tief

N

Nach allem Einsamen werfe ich jetzt die Angel
Nach Beute lüstern
Nach den goldnen Strahlen streben
Nach den Locken des Zufalls
Nach diesem Allerwelts-Blechklingklang Ruhm
Nach einer *siebenten* Einsamkeit
Nach Erd in mir die Schlange
Nach euch zu spähn aus fernster Vogel-Schau
Nach Feinden schmachten lehrt
Nach Feinden selber
Nach himmlischen Tränen und Taugeträufel
Nach Höhen verlangt mich nicht
Nach immer reineren Höhen biegt sie den Hals
Nach Lämmern lüstern
Nach Leben, Leben, Leben lechze
Nach Liebe suchen – und immer die *Larven*
Nach meinem Urcharakter
Nach mir sich bücken
Nach neuen Schätzen wühlen wir
Nach Schätzen aufzustören der Erde Eingeweide
Nach seinen Feinden schießt
Nach Süden flog ich übers Meer
Nachtabwärts blaß hinabsinken
Nächtgen Himmel seh ich grelle
Nacht ist's: wieder über den Dächern
Nach weiser Ärzte Ermessen

Nahe mir heut die Wahrheit
Näher mir süße Sicherheit
Nah hab den Nächsten ich nicht gerne
Nämlich das andre Beinchen
Nämlich hinabgeschluckt
Naschbären ihr mit Elefanten-Rüsseln
Nehmt ihr als Philosophie
Nein
Nein! feindselig solchen Tugend-Standbildern
Nein, geht! Zürnt nicht! Hier – könntet *ihr* nicht hausen
Nein, jung noch und oft rot
Nein! Komm zurück
Nein, mein Land wächst
Nein! Nein! Dreimal Nein!
Nein! Nein; weg mit den herben
Nein! nur ein Dichter
Nein, still davon, du Augen-Wunderweide
Nein, Wandrer, nein! Dich lock ich nicht
Neue Nächte hülltest du um mich
Neue Wüsten erfand dein Löwenfuß
Nicht an seinen Sünden und großen Torheiten
Nicht aufgestellt vor Tempeln
Nicht, daß du Götzen umwarfst
Nicht Freunde mehr, das sind – wie nenn ich's doch
Nicht für seinen Glauben
Nicht geizig zu werden in dieser Dürre
Nicht lange durstest du noch
Nicht mehr zurück? Und nicht hinan
Nicht nach dem Fichtelberg dem düsteren, nein,
      in die Heimat

Nicht nach Pforta zurück, wo nur die Strenge regiert
Nicht plump betasten und bedrücken
Nichts bleibt mir mehr zurück
Nichts geschah! Wir schliefen, schliefen
Nichts ist neu dran meiner Art
Nichts mag ich essen schier
Nicht still, starr, glatt, kalt
Nicht töten willst du
Nicht um mich selbst ohn Unterlaß
Nicht will ich auf meinen Bergen
Nicht zu früh erkannt
Nie empfand ich
Nie hat ein Schreck grausamer mich geschüttelt
Niemand dankt dir mehr
Niemand darf es wagen
Niemandem war er untertan
Nie wird jegliche Last, Mühe und Arbeit gescheut
Nimm alles Behagen von mir
Nimm den *Kranz* hier mit hinauf
Nimm ein Gran Selbstverachtung
Nimmer weiblich, taubenhaft und weich
Nimm! Hier ist Gold: wie glänzt das Stück
Nimm, ich bitte dich, nimm immer
Noch bänger war's dem Herzen
Noch blieb viel Tag zurück
Noch dem Besiegten Ruhe
Noch der Mohn, noch, was sonst tief
Noch einen Reim zu hängen ins Gefieder
Noch einmal brüllen
Noch einmal eh ich weiterziehe

Noch *ein*mal quillt da wohl zurück

Noch hin und her rollt, stolz und hochgemute

Noch immer, Freund, die alten Mucken

Noch rauscht die Wetterwolke

Noch zu Wasser

Notdurft ist billig, Glück ist ohne Preis

Not – nennt's der Grollende

Nun bitte ich meine Weisheit

Nun, da der Tag

Nun feiern wir, vereinten Siegs gewiß

Nun Göttin, Göttin laß mich – laß mich schalten

Nun ich schau in deiner Augen

Nun lacht die Welt, der grause Vorhang riß

Nun liegt er da, zerbrochen, unnütz, kalt

Nun rollen Donner über die Gewölbe

Nun stehst du bleich

Nun stehst du starr

Nun, Wandrer, gilt's! Nun blicke kalt und klar

Nun wird mir alles noch zuteil

Nun zittert, was Gebälk und Mauer ist

Nun zucken Blitze und schwefelgelbe Wahrheiten

Nur Buntes redend

Nur das ewge Ah! und Oh!

Nur *dein* Auge – ungeheuer

Nur dir zum Ruhme, daß ich unverrückt

Nur *ein* Gebot gilt dir: sei rein

Nur Freunds-Gespenster

Nur heute – steh ich, weine

Nur martern, martern

Nur Narr! nur Dichter

Nur Narr! *nur* Dichter
Nur Narr! *nur* Dichter
Nur Niedriges tritt durch sie ein
Nur Schritt für Schritt – das ist kein Leben
Nur Tränen
Nur *wahre* Ruh erlangen
Nur wer sich wandelt, bleibt mit mir verwandt
Nützlich ist Eis zum Verdauen

O

Ob es sich quält und drückt und engt
Ob manche Hoffnung schon vergraute
O daß ich könnte weltenmüd
Oder dem Adler gleich, der lange
Oder die lange Liebe
Oder eines moralischen Brüllaffen
Oder geschah es aus Übermute
Oder groß reden
Oder läuft sie jedem nach
Oder modre Wurm! Irrlicht, verglimm
Oder soll ich, dem Hunde gleich
Oder sollte vielleicht
Oder taumelt wie bezecht
Oder war's ein Jahr? – da sanken
Öde ward der Raum
O diese Dichter
Offen liegt das Meer, ins Blaue
O Frucht des Baums
Oft auch möchte die Seele sich los von den
        hemmenden Fesseln
Oft die Fingerchen euch lecken
Oft trotz dem grausten Kater
Oh, ihr Unschuldigen
Ohne Weiber, schlecht genährt
Ohne Zukunft, ohne Erinnerungen
Ohr und Herz und Unterkunft

O Jugend-Sehnen, das sich mißverstand
O komm zurück
O Lebens Mittag! Feierliche Zeit
O Lebens Mittag! Zweite Jugendzeit
O Mädchen, das dem Lamme
O Mensch! Gib acht
O Nacht, o Schweigen, o totenstiller Lärm
O Ruhe, Fremdling meiner Zeit
O schade um dies liebliche andre Beinchen
O Sommergarten
O Sommergarten
O süßer Waldesfrieden
O unglückselge Stunde
O unheilvoller Tag
O Vogel Albatros
O Vogel, rechn' ich dich den Adlern zu
O weint mir nicht
O welkes Wort, das einst wie Rosen roch
O wie liebtet ihr mein Eis
O wie sie sich hier hinab
O Wunder! Fliegt er noch
O Zarathustra
O Zarathustra
O zögre nicht, nach südlichen Geländen

P

Paradieses-Luft wahrlich
Pflanzt nicht: sie reift
Pfui allen häßlichen Gewerben
Plötzlich
Plötzlich mir Sinn und Gedanken
Purpurn lauert ein Drache

Q

Qualvolle Gier, sich Leben zu erzwingen
Quellen ewig hinan

R

Raffen wir von jeder Blume
Rate, Rätselfreund
Raub dir das Weib, für das dein Herze fühlt
Raubend, schleichend, *lügend* liefest
Rechtschaffen steht er da
Rede groß, meine entzückte Weisheit
Rede ihnen zu
Reden sie zu sich heimlich
Reime, mein ich, sind wie Pfeile
Reißen, in Einsamkeit flüchten das fühlende Herz
Rings atmet zähnefletschend Mordgelüst
Rings nur Welle und Spiel
Rings warme Sommerabendluft
Rings zu Leichen tret ich, was ich trete
Rinnt der Regen zart und leise
Rollen im kreisenden Lauf
Roll selig hin durch diese Zeit
Rollt ich mich rundes Rollefaß
Rom sank zur Hure und zur Huren-Bude
Roms Cäsar sank zum Vieh, Gott selbst – ward Jude
Rosen und Lerchenschlag
Ruhm
Ruhm
Ruhm und Tugend – das reimt sich
Ruht so gnadenvoll und mild

S

Sage mir, teurer Freund, warum du so lang
    nicht geschrieben
Sah den Wagen, der dich trägt
Sah der Augen Blinken, sah der Rechten
Sah dich aus dem Wagen springen
Sah dich wie zum Pfeil verkürzt
Sah die Hand dir selber zücken
Säh gern ich euch, ihr Überweisen
Sah ich deine Rosse rennen
Sang sich, unsichtbar berührt
Sank abwärts, abendwärts, schattenwärts
Sank in blaue Vergessenheit
Sans génie et sans esprit
Schadenfroh ins Haar
Schamloser! Unbekannter! Dieb
Scharf und milde, grob und fein
Schauernd hörte ich um Mitternächten
Schaurig tönt der volle Bach darin
Schaurig weht der bleichen Flocken Fülle
Schaust rückwärts ach! wie lange schon
Schau traurig ich zurück
Scheint ganz ihr mir gemacht zum Lieben
Scheuchen wir die Kranken-Brut
Schickt dir dies Buch: doch er selbst macht vor
    dem Buche ein Kreuz
Schiefe Sprüchlein voller Eile

Schielt nicht mit schiefem Verführerblick
Schien oft Pfad und Nacht mir
Schild der Notwendigkeit
Schild der Notwendigkeit
Schlafen macht, – ein gut Gewissen
Schläfrig beide, Hirt und Schaf
Schläfrig stieß der Kahn vom Lande
Schlecht mit sich selber
Schlief wohl zu Mittag
Schlimmer machen, schlimmer machen
Schlimmer stünd's mit meinem Herzen
Schluckt den die Tiefe
Schlugst ans Fenster mir mit erzner Kette
Schlummern auf grüner Heid
Schmale Seelen sind mir verhaßt
Schmerz war's und Irrtum, Stund um Stund dahier
Schmerz, Wissen, Bergeslasten
Schneidig hingezückten Donnerkeil
Schneller dich hinabzuschwingen
Schon ahmt er sich selber nach
Schöner ist das Frauenzimmer
Schöner, miteinander lachen
Schone, was solch zarte Haut hat
Schon fühl ich Mut und Blut und Säfte
Schon giert mit neuem Drange
Schon glüht dein Auge halbgebrochen
Schön ist's, miteinander schweigen
Schon kriech ich zwischen Stein und Gras
Schon krümmt und bricht sich mir die Haut
Schon läuft still über weiße Meere

Schon quillt deines Taus Tränengeträufel
Schon steht die glatte
Schon sucht er die Wege, die er ging
Schon ward er müde
Schon wird er unwirsch
Schrei's euch lachend ins Gesicht
Schuldig heißen mit jeder großen Schuld
Schwang dann in dies Schiffchen sich
Schwarmgeister sind's –: da fehlt es stets an Geist
Schwarz Gewand und Schweigsamkeit kleidet jeglich
       Weib – gescheit
Schwarzgewölbter Wolkenwelle
Schwärzres und Schlimmres schautest du als
       irgendein Seher
Schwebt über Berg und Tal
Schweigt viel in sich hinein
Schwer büßen's deine Finger
Schwermütig scheu, solang du rückwärts schaust
Schwimmt nun mein Nachen hinaus
Schwingt mit Gesang auch fort
Schwört mir dies
Sechs Einsamkeiten kennt er schon
Segl' ich mit allen Winden
Sehnsüchtig da
Sehnt sich die Blume dort nach Schmetterlingen
Seht das Kind umgrunzt von Schweinen
Seht es erst auf beiden Beinen
Seht in nur an
Seid hart, ihr Weisesten
Seid ihr Weiber

Seid mir gegrüßt, daß ihr kommt
Sei eine Platte von Gold
Sei ein Mann, Suleika! Mut! Mut
Sei es aus Zufall
Sei klug, Ariadne
Sei klug, du Reicher
Sein Atem quillt, wie eines Kranken Atem quillt
Sein Auge blickt Grünspan
Sein bin ich, ob ich in der Frevler Rotte
Sein bin ich – und ich fühl die Schlingen
Sein eigener Hausdrache
Seinem Bismarck – den Verstand
Seine Stimme versauert sich
Seines Todes ist man gewiß
Sein höchstes Hindernis
Sei nicht der Paukenschläger
Sein kleiner Leichnam arg verwandelt
Sein Kopf war reich vor diesem Zeitvertreibe
Sein Liebesdruck zerdrückt
Sein Mitleid ist hart
Sein schlimmes Wort
Sein Überglück ward ihm zum Ungemach
Sein Überlicht geht eurem Dunkel nach
Sei selber Regen der vergilbten Wildnis
Seitdem gibt es für mich kein Muß
Seit dies Buch mir erwuchs, quält Sehnsucht mich
        und Beschämung
Seit ich des Suchens müde ward
Seit mir ein Wind hielt Widerpart
Seit wann küßt man denn – Ton

Selber mit im Ticktack sprach
Selbst im Grimm noch schlecht und recht
Selbstkenner
Selbstkenner
Selbstkenner
Selbstkenner
Selger Abendfrieden
Selig-höhnisch, selig-höllisch, selig-blutgierig
Selig war ich
Selig wer allezeit
Selten, daß ein Weib zu denken
Selten denkt das Frauenzimmer
Selten hell
Senkrecht in die Tiefe stoßen
Seufzern durch die Gassen lief
Sich biegt, und schmiegt und in der Hüfte wiegt
Sich der Dietrich drehen
Sich dichter – und die Träne fließt
Sich einer nach dem Tode sehne
Sich ewig nur an der Notwendigkeit
Sich selber gern vergibt
Sich selbst zur Beute
Sich selbst zur Larve
Sich Wind und Wolke höher heut ins Blau
Sich zuletzt mit Gesetzen
Sie ballen sich im Zorn zusammen
Siebente Einsamkeit
Sie beten alles an, was nicht umfällt
Sie erfanden sich die heiligste Langeweile
Sie erriet meines Glückes *Grund*

Sie erriet mich – ha! was sinnt sie aus
Sie flattern schon um dich, ihr Rätsel
Sie folgen jedem nach
Sie frösteln bei sich: blicken grün dazu
Sie fürchten sich vor krummen Wegen nicht
Sie fürchtete die Arglist
Sie gaukelt wie Öl über braune Meere
Siegend, *vernichtend*
Siegerin und Tigerin zugleich
Sieghaft von den Bergen her
Sie glänzten kurze Weile
Siegreicher stets und doch gebundener
Sie haben ihren Gott aus Nichts geschaffen
Sie hält die Finger vor
Sie härmten sich über die Maßen
Sie hat es *verloren*
Sie hat jetzt Geist – wie kam's, daß sie ihn fand
Sieh hinaus! sieh nicht zurück
Sie hungern schon nach deiner Lösung
Sie ist ein Raub am Leben
Sie ist ein Weib, nichts Besseres
Sie ist mein heimliches Panzerhemd
Sie kauen Kiesel
Sie kommen aus dem Kopfe
Sie lieben ach! und werden nicht geliebt
Sie lief mir davon
Sie liegen auf dem Bauche
Sie prüft Herz und Gesicht
Sie sind alle käuflich
Sie sind alle tugendhaft

Sie sind kalt, diese Gelehrten
Sie sind nicht alle *schlecht* gedacht
Sie sollen jetzt noch Blumen sehn
Sie sperrte gerade gähnend
Sie verlernten Fleisch essen
Sie werden dich schon lösen
Sie will's nicht wissen
Sie wollte um diese Stund
Sie zerfleischen sich selber
Silbern, leicht, ein Fisch
Silb um Silb ihr Hopsa sprang
Sind *deine* Sehnsüchte unter tausend Larven
Sind des Dichters Sehnsüchte
Sind wir zwei nicht eines Schoßes
Sinkt langsam funkelnd ein Sternbild gegen mich
Sinn in vier unsinnge Reime
Sitze hier, die beste Luft schnüffelnd
Sitzen um mich herum
Sitzt mein Reim ihm hintendrauf
Sitzt Zarathustra wartend, wartend auf seinen Bergen
So braucht Gewalt
So daß ich oft bin gangen
So denkt der Mann; das Weib raubt nicht, es stiehlt
So dumm als möglich schuf
So ferne wieder der Wüste
So folgst du mir – gemach! gemach
So fromm, so mild von Herzen
So gern will bei mir sein
So *Gott* als *Schaf*
So greif ich kühn zum Tintenfaß

So gute Luft nur je
So häng ich denn auf krummem Aste
So hört ein Lied zu eurem Preise
So hüte dich vor *Kindeshänden*
So ist ein Teil von mir im Buche nur
So ist's jetzt mein Wille
So jung, so falsch, so umgetrieben
So krumm als möglich lauf
Solange die Welt lebt
Solang noch hübsch mein Leibchen
Solang noch hübsch mein Leibchen
Solchen Glücks, nimm sein Vermächtnis
Solch Leuchten sah ich schon: das deutet mir's
So liebt der Reiter sein Pferd
So liege ich
Soll bei mir auf ewig irregehn
Soll man schweigen
Solln unser Brot wir essen
Solln unsren Wein wir trinken
Soll's gar, *weil* er es schuf, verneinen
So macht das jedermann Beschwer
So mumienhaft auf meinem Klotze ruhte
So nahe, wer des Abgrunds grausten Fernen
So nahm ich mir das gute Gewissen
So *nimm* dir Recht
Sonn, Hahnenschrei und Schatten auf
Sonst sagt man stets von dir: er ist zu jung
So sahst du oft mich, gestern noch zumal
So sank es um so tiefer, um in sich
So sank ich selber einstmals

So saß ich oft in tiefer Wüstenei
So schwer mein Herz, so trüb die Zeit
So seelenlos, so arm und kalt
So sitze ich hier, ihr
So sitzend freut ich mich des Geier-Flugs
So sprach ein Weib voll Schüchternheit
So sprachen noch alle Weisesten
So spricht der Beduine, ich spreche es mit
So spricht die Sternenblume
So spricht jeder Feldherr
So sterben
So sterben
So tönt auch heut ein froher Lobgesang
So überstürmen wilde Wehn
So viel sie Erde schon verdaut
So wächst bei schwüler Nacht
So wart ich hier und fasse fest
So werden sich die Dinge auf dir
So wie ein sprudelnder Quell durstige Wandrer erquickt
So will's mein spröder Geschmack von mir
So wolltest du's! Vom Pfade wich dein Wille
Speit nach uns
Spielt Glück noch der braune Abgrund herauf
Sprach die Sibylle, trunken sonder Weins
Sprach ein bitterböses Wörtchen
Sprachst zu mir: Nun höre, was ich bin
Sprich
Sprich endlich
Spring ich in die Wellen
Springt die Seele immer mit hinein

Spuckende Gesellen
Stand das je in einem Buche
Stark als Esel? stark als Gott
Stark blieb dein Hoffen
Steck ein kluges Wort hinein
Stehst auf und siehst dich um und lachst
Steht ein Kahn und ruht und ruht
Steht's mit deinem Kopf so schlecht
Steht's mit meinem Kopf schon schlimm
Steif
Steifer stets an Kopf und Knie
Steigen in die ewge Glut
Steig nicht zu hoch hinaus
Steig nur hinauf und denk nicht dran
Steigt ihr
Steigt ihr Glück zu mir
Stein knirscht an Stein, die Wüste schlingt und würgt
Sterben? Sterben kann ich nicht
Sterben? Sterben kann ich nicht
Stets Bein vor Bein macht deutsch und schwer
Stets ist drunten – Hölle
Stets je länger, desto lieber
Stets mein feines Steuerrädchen
Stets mein feines Steuerrädchen
Stets will sie mir vergeben
Stich weiter
Stiegst du empor hier, siegreich, sonder Müh
Still
Still
Still

Still ist der Platz, Vormittag ruht darauf
Still! Meine Wahrheit *redet*
Stockmeister
Stolz genug, daß du deiner Eitelkeit
Streift Ziel auf Ziel
Ströme ich über das Land
Ströme selber über, träufle selber Tau
Stürm empor die Himmelsleiter
Stürmte zu den Felsenstufen
Sturm und Fahrt – wie verlernt er das
Suchte ich das vermißte
Sucht rings sie zu umschlingen
Sündlich gesund und schön und bunt liefest
Süß geworden und gekocht

T

Tag meines Lebens
Tag meines Lebens
Tanzend, wie du pfeifst und singst
Tanze nun auf tausend Rücken
Tanzen wir gleich Troubadouren
Tanzen wir in tausend Weisen
Tat eins, zwei, drei, vier, fünf Sätzchen
Tat sich auf: – da war's vorbei
Taube zugleich, Schlange und Schwein
Täuschen
Teufelswitz und Teufelskleid
Teurer! Bald nahet der Tag wo auch wir uns
         wieder erblicken
Tief ist ihr Weh
Tod, das glaub ich kaum
Todestrank, du Zauberin, gebraut
Törichteren boshafteren
Trägt auch mein Bild zu hellerm Licht hinan
Trägt nicht Gold im Munde
Traurig schaurig, eigner Weise
Treibt mein Genueser Schiff
Treu die Natur und ganz! – Wie fängt er's an
Triff einmal noch
Triff tiefer
Trifft mich ihr Blick
Tritt frei herfür

Tropft langsam Stund auf Stunde
Trübe Göttin, um mein Fenster hin
Trüber und trüber
Trübsal-Mörder, Himmels-Feger
Trümmer von Sternen
Trunken schwamm's in die Dämmerung hinaus
Trunkne Wörtlein, wie sich's drängt
Tugendhaft, schafmäßig, krauswollig
Tust der *Tanne* es gleich

U

Übelriechende
Überallhin, wo ein Flämmchen
Über den Weltumfang
Über die zitternde Fläche weg
Überließ er seinem Schneider
Über mir ziehen die Wolken
Über seinen Gedanken selber springt es nunmehr hinweg
Über uns glänzt Stern bei Sterne
Über wilde Meere springst
Um der Warnung willen
Um dich, Gehenkter
Umhülln mit ihren Schatten
Umhüllte die Hallen bang
Um Kirchhofskreuze Rosenduft
Umlagert von euch
Um meine heißen Gedanken
Um meinen Hals die Stunden-Uhr
Um mich Waldeinsamkeit
Um Mittag war's
Um Mittag war's, da wurde Eins zu Zwei
Um Mittag, wenn zuerst
Um Mittag, wenn zuerst
Umschlingt und hält und küßt
Um sich selbst eine Burg
Umsonst
Umsonst, daß all mein Ekel schreit

Umsphinxt, daß ich ein Wort
Umtänzelt und umspielt
Um uns braust die Ewigkeit
Unbegeistert, ungespäßig
Unbehilflich
Und alle deine kleinen
Und alle *Männer* sagen diesen Kehrreim
Und atmet kaum
Und auf dich fällt manch bittre Träne
Und aus der Februares düstrer Nacht
Und Bach und Tann
Und blicken Gift
Und dann eine Zeitschrift schreiben
Und das schönste Kapitänchen
Und daß ewig das Gedächtnis
Und da stehe ich schon
Und dazu noch mußt du die Sonne zur Freundin haben
Und deiner eingedenk, Melancholei
Und dem gräulichsten der Greise
Und der Lawine Lust, mich zu verneinen
Und derlei Herzbeschwerden
Und des Henkers roter Bart
Und des trauten Gesprächs lang schon entbehrten
        uns freun
Und deutsch dies Stürzen, Stocken, Taumeln
Und deutschen Leibs ist dies Sich-selbst-Zerfleischen
Und die Begierde nach Mond– und Werkeltagen
Und die Genügen
Und die Nase drehn
Und dienen will ich nun und nie

Und doch steigt's vorwurfsvoll empor

Und drüben noch Licht und Lärm

Und du erwachst

Und Dummheit wär's, ihr gram drum sein

Und dunkler noch und treuer blickt die Tanne

Und ein Abgrund ohne Schranken

Und endlich auf den Grund

Und er

Und er befahl, daß man *vernichte*

Und es gibt grausam Gelichter

Und es immer schlimmer machen

Und gießest süßen Herz-Verdruß

Und glühend redet alles – Eisgebirg

Und goldne Fäden

Und Grabesstille und Grauen

Und grüßet mir den teuren

Und hast du erst mein Buch vertragen

Und hast du Geist, sei doppelt auf der Hut

Und Heimatslieder singet

Und hoch flog, wer ihn auch nur schweben sieht

Und horch! Aus den Burgen ertönet

Und ihre Mäuler lernten Feuer fressen

Und ihrem Hohne

Und ihren Nabel beschauend

Und ihr nennt mich drum Verächter

Und immer über diesem Volke

Und in Freundesverein wurde das Schwerste uns leicht

Und in Gestalt eines Briefs naht sie dem
      einsamen Freund

Und in jedem Schlüsselloch

Und ist geduldig still dabei
Und jedem schönen Zeitvertreib
Und jeder helle Sonnenblick
Und jüngst noch liebte er alles *Unbegangne*
Und jüngst noch so stolz
Und *kaut* –, sein Leben ist sein Kaun
Und kein Tropfen erreichte dich
Und Kinderlust und Reden
Und krummes Tal und lange Höhn
Und lacht den lauten Schreier aus
Und lauschen muß
Und liebtest du, wer hätte
Und liegt dann da, so ungestalt
Und ließ es fast mir rauben
Und locke sie zurück
Und, mag ich fliehn
Und manche bittere Träne
Und marterst mich, Narr, der du bist
Und meine Blicke vorwärts sende
Und meine letzte Herzensflamme
Und meinen Honig – wer hat ihn geschmeckt
Und Menschen tröst ich
Und mich lieb und traut
Und mich umhüllt der Nacht Gewand
Und mit dem neuen Sündchen
Und mit jugendlichen Mut
Und Mutter das stille Lachen
Und neidisch hinschleicht
Und nicht auf fremden Ruf
Und – niemand braucht's zu wissen

Und niemand möchte Stufe sein
Und nimm die Rosenknospe
Und nimmermehr dann trinken
Und nimmer, nimmer stillestehn
Und nur wenn ich mir selbst zur Last bin
Und nur wer Schrecken macht, kann andre führen
Und, preisend dich, den Kopf gebeugt zum Knie
Und purpurn steht ein Segel drauf
Und rede kurz – das rät mein andrer Stolz
Und ringelt sich und flattert jetzt
Und ruht bei jedem Schritt
Und schaukle meine Müdigkeit
Und schimmern in Glanz und Pracht
Und schon die Litanei
Und schon übermorgen gut
Und schreib mit dicken Tintenflüssen
Und schrei ich laut: Homer! Homer
Und schrieb ich drüber schwarz und dick
Und schweigt
Und sehe der Palme zu
Und seit das mein Wille ist
Und senden ihrer Blitze Flammen
Und setzt euch still um mich im Kreise
Und sich weiße Zähne zeigen
Und soll nicht lieben, was er erschuf
Und so tratst du an mein ödes Bette
Und sprach: du heulst besser noch als wir Wölfe
Und sprech ich – niemand spricht mit mir
Und steht, als weiße Säule zitternd
Und steigt und steigt

Und stets beisammen findt sich das
Und sucht, und fand nicht – und sie zaudert hier
Und tiefer als der Tag gedacht
Und Tisch und Teller zerbrechen
Und Tisch und Wand soll man purgieren
Und um sein Lager blüht
Und *unter* mir – Welt, Mensch und Tod
Und von der Tränen Quelle
Und wachsen bis zur braunen lauen Nacht
Und wälzte drüber Lust, Gewinn
Und was es funden? Hin ist hin
Und was es tut – das Wort ergetzt
Und was gefällt ihm? Was er malen *kann*
Und *was* ich bin, euch Freunden – bin ich's nicht
Und was mir je die Zeit verkündt
Und weiß nicht, wer ich selber bin
Und weiß selber nicht wohin
Und wenn es nicht zu deinen Höhen schlich
Und wenn ich selber meine Bahn
Und wer ist mein Arzt gewesen
Und wer mich kennt, der nennt nicht
Und wer mich sieht, der kennt mich
Und wer mir auch sein Herz geschenkt
Und wer mit Wasser mich getränkt
Und wie die Schwalbe nach dem Süd
Und will nicht gehen
Und Wind und Reif: nun säum ich länger nicht
Und Zarathustra ging an mir vorbei
Und zerreißend *lachen*
Und ziehen schwirren Flugs zur Stadt

Und ziehen schwirren Flugs zur Stadt
Und zitternd stammle ich hier Lied auf Lied
Und zucke auf in rhythmischen Gestalten
Und zwei Blätter noch zum Kranz
Und zwischen Eis und totem Graugestein
Unendlich ist das kleinste Stück der Welt
Unersättlich mit ihrer Zunge
Unersättlich nach neuen Fernen
Ungeduldig
Ungesättigt gleich der Flamme
Ungewiß
Unnennbarer! Verhüllter, Entsetzlicher
Unnütz, unnütz, mich zu hängen
Unnütz, unnütz, mich zu hängen
Unruhig Glück im Stehn und Spähn und Warten
Unruhig Glück im Stehn und Spähn und Warten
Unschön gekrümmt, gleich opfernden Barbaren
Unschuld des Südens, nimm mich auf
Unseren Tugenden auch solln leicht die Füße sich heben
Unser Leben, *unser* Glück
Unsichtbar, auch ungehört
Unsre Jagd nach der Wahrheit
Unter buntzottigen Raubtieren
Unter dunklen Bäumen saß
Unter Freunden ist nichts, was der eine dem
       andern verbürge
Unterhalb seines Eises
Unterhalb seines Gipfels
Unter Kriegern der Heiterste
Unter seidenem Himmels-Tuche

Unter Siegern der Schwerste
Unter solchen gelüstet's mich
Unverwüstlich-mittelmäßig
Unverzagt! Bald, sollt ich meinen

V

Verachten zu müssen
Verarge mir es, böse Gottheit, nicht
Verarge mir es nicht, Melancholie
Verbranntes Herz
Verbrannt und durstig
Veredle mit Bedachtung
Verekelt mehr und mehr, zerschundener
Verfall! Verfall! Nie sank die Welt so tief
Verführerisch auf starrem Felsgerüst
Verführter Schmetterling, einsame Blume
Vergangnes ist der Bücher Beute
Vergaß ich allen Schmerz
Vergebe mir Gott
Vergebens wenigstens
Vergessen, gliederlösendes
Vergiss nicht, Mensch, den Wollust ausgeloht
Vergrünet
Vergüldet hat
Verhallet der freudige Klang
Verhaßt ist mir das Folgen und das Führen
Verhaßt ist mir's schon, selber mich zu führen
Verheiratet, unfreundlich
Verheißung ist in der Luft
Verkrieche sich, wer eine letzte Decke hat
Verlange viel – das rät mein Stolz
Verlass mich nie

Verlass mich nie
Verlass mich nie
Verlernte Mensch und Gott, Fluch und Gebet
Verliebtes Warten
Verloren bist du, glaubst du – an Gefahr
Verlorne Stunden und zerronnen Glück
Vermächtnis
Vernichtet mit einem Schlag
Vernunft! Verdrießliches Geschäfte
Verschenke dich selber erst, o Zarathustra
Verschenke dich selber erst, o Zarathustra
Verschlagne Schiffer! Trümmer alter Steine
Versengt und müde durstetest
Versiegen im schwebenden All
Versteck, du Narr
Verträgst du dich gewiß mit mir
Vertraut und seltsam, schmutzig und rein
Verwachsener Geist
Viel auch ist mir wert die Kunde von deinem Befinden
Vieles laß ich falln und rollen
Viel Gefühle stopfe
Vielmehr daß er zu keinem Glauben
Viel Tag für Dichten, Schleichen, Einsam-Munkeln
Vogelfrei auf Dächern
Volk herum und giftige Blicke
Voll Eifersucht und Not
Vollgerüstet, waffengleißend hin
Voll Katzen-Mutwillens
Voll Lieb und Grausen
Vom Lächeln vergüldet

Vom Monde herabfiel

Von allem ewigen Martern

Von aller Wahrheit

Von dem Odem dürrer Brüste

Von den Augen ohne Mut

Von der Sonne gesüßt, von der Liebe gebräunt

Von dieser kahlen Höhe seh ich

Von dieser kleinen Oasis

Von dir gejagt, Gedanke

Von dir, grausamster Jäger

Von dir selber erjagt

Von dir überlastet

Von einer Wahrheit

Von Felsen einfing

Von ferne her mich endlich heimzulocken

Von großen Dingen – ich *sehe* Großes

Von Güte hier gedruckten Dank

Von halber Höhe aus

Von heut an hängt an härner Schnur

Von heut an hört der Sterne Lauf

Von hundert Lasten übertürmt

Von Jagdlust, von Kampf und Wein

Von jener Seligkeit

Von neuem gibt es solche Gottlosigkeit

Von neuem Trost plätschern

Von seinem Mund

Von solchen Dingen schaben

Von Tag zu Tag vertrackter

Von Tod und Sterben mißgehandelt

Von *uns* wahrsagte so ein weiser Mund

Vor allen Ruhms-Schalltrichtern
Vor allen Tugendhaften
Vorausbestimmt zur Sternenbahn
Vorbestimmte ewiglich
Vor dir mich wälzen
Vor dir selber falsch
Vor diesem Schauspiel steh ich lang
Vor dir, du Bild im Steine
Vor dir, du Wort darauf
Vor kleinen runden Sachen
Vor Schrecken warf ich euch die Schüsseln
Vorteile: wo ich der Krämer
Vor Winters in die Welt entflohn

W

Wagt, denn alte Weisheit spricht
Wagt's mit meiner Kost, ihr Esser
Wähle nun
Wählt ich gern ein Plätzchen mir
Wahrhaftig, doch mit schrecklich strengen Mienen
Wahrheiten, die noch kein Lächeln
Wahrheiten für unsere Füße
Wahrheiten, nach denen sich tanzen läßt
Wandelt des Mondes feistes Antlitz
Wand und Boden stets bespritzt
Wann wäre je Natur im Bilde *abgetan*
Ward mir meine Unvernunft
Ward mir, was ihr – nie erwerbt
Ward zum Gespenst, das über Gletscher geht
Wäre es schon deshalb wahr
Warm atmet der Fels
Wärmer der Sonne Blick
War's, der Gesang eines Müden
War's nicht für euch, daß sich des Gletschers Grau
Warst einst du jung, jetzt – bist du besser jung
Warum wollte man nicht heiter sein
Was alle hassen
Was allein *ich* liebe
Was Aug und Hand mich fassen läßt
Was bandest du dich
Was bist du Narr

Was blickst du wieder

Was du verlorst, macht nirgends halt

Was entlief er jäh allem festen Lande

Was er lebte, wird bleiben stahn

Was er lehrte, ist abgetan

Was ficht ihn an der Welt Gered

Was floh Zarathustra vor Tier und Menschen

Was frägst du? Was? Zu welchem – Lohne

Was geht dich, Stern, das Dunkel an

Was geht's dich an

Was geht's dich an? Denn du sollst gehen

Was geschah? so rief's, so riefen

Was geschieht? fällt das Meer

Was gönnt, was gütig ist–: erhebt die Herzen

Was habt ihr plumpen Tölpel mich gerüttelt

Was hebt und trägt ihn doch

Was hemmst du meinen Sinn und Fuß

Was heut mir Glück ist

Was hilft's! Sein Herz

Was Himmel-Bimmel-bam-bam

Was hört er vor den Ohren schwirren

Was *ich* finde, was *ich* suche

Was ist ihm Ziel und Zug und Zügel nun

Was je mein Adler mir erschaute

Was je schwer war

Was je uns knüpfte, *einer* Hoffnung Band

Was keiner erschaut hat

Was lebet muß vergehen

Was leb ich noch, wozu

Was liegt an mir

Was liegt an Särgen und Leichentüchern
Was liegt an Worten
Was *lockst* du mich mit Ton und Gruß
Was locktest du dich
Was macht ihn wieder frei
Was man nicht hat
Was nur schlüpft und hüpft, gleich sticht der
Was ruhst du nicht, du dunkles Herz
Was riß so früh die Kette
Was schleicht Zarathustra entlang dem Berge
Was schlichst du dich ein
Was sie am liebsten möchte
Was sie noch sagt, glaubt ich immer
Was soll dies Martern
Was spricht die tiefe Mitternacht
Was stachelt dich zu fußwunder Flucht
Was stehst du noch
Was steht er noch
Was Stern sonst hieß
Was suchst du noch? *Warum*
Was tat mein Flötenlied dir an
Was tat mein Flötenlied ihm an
Was tut's? Wer liest denn, was ich schreibe
Was um euch wohnt
Was verführte ihn
Was ward die Welt so welk
Was warf er sich aus seiner Höhe
Was war's, das ihn darniederschlug
Was will sein feurig Winken
Was willst du

Was willst du den Flaum
Was willst du dir erfoltern
Was willst du dir erhorchen
Was willst du dir erstehlen
Was willst du Lösegelds
Was willst du, Wegelagerer, von – mir
Was Wunder: nun ward er ihnen zunichte
Weder zu Lande
Wegfliehen
Weg! Weg
Weh! Daß auch du am Kreuze niedersankst
Weh dem, der keine Heimat hat
Weh! Du hast dich und mich vergessen und vergeben
Wehe dir, Zarathustra
Wehe, es könnte einer seinen Pfeil darauf legen
Wehe, wie willst du *die* umwerfen
Wehmut, Schmerz und Vergnügen
Weh, nun geht's schief
Weh spricht: Vergeh
Weh, wie hat sich das gewandt
Weiche Herzen
Weil niemand sie umarmen will
Weine nicht mehr
Weinen kann es, nichts als weinen
Weint mir nicht, ihr
Weiser Unweiser
Weißbemäntelt
Weiß nicht, wohin sein Weg noch will
Weit hinaus in Raum und Zeit
Welch ein Geheimnis lehrte ich

Welche selten lieben
Wellen-Rücken, Wellen-Tücken
Welteinsamen Schmerz
Welten-Schwärzer, Wolken-Schieber
Welt hat kein Herz
Welt – ist von Erz
Welt-Rad, das rollende
Welt-Spiel, das herrische
Wem doch laur' ich Räuber auf
Wem gibt sie nach? Der Gewalt allein
Wem im Glück ich dankbar bin? Gott! – und
        meiner Schneiderin
Wem ziemt die Schönheit
Wen er liebt, den lockt er gerne
Wenig bei mir gutzumachen
Wenn das Geld in den Kasten springt
Wenn den Einsamen
Wenn der Blitz gegen ihn zeugt
Wenn der Pfeil in edle Teile
Wenn du auf mich hingeblickt
Wenn er also es seinem Gaste
Wenn er des goldnen Ertrags eigener Ernten sich freut
Wenn er läuft und läuft
Wenn es also
Wenn es nichts zerbricht
Wenn harmvoll ihn sein Kind
Wenn ich sie sehe, so schauert's
Wenn man frei mich wählen ließe
Wenn man immer zu den Gründen geht
Wenn man Pfeile und tötende Gedanken

Wenn man sich nicht entlaufen kann
Wenn schon des Monds Sichel
Wenn schon des Taus Tröstung
Wenn seine Höhle mit Gespenstern
Wenn sie auf der Rosse Rücken
Wenn so die Glocken hallen
Wenn Stürme hinter ihm brüllen
Wer da gleicht den Heuchel-Hänsen
Wer das verlor
Wer *das* zu deuten wüßte
Wer da trinkt aus allzuvollen
Werdet ihr nicht, verzeiht
Wer einst den Blitz zu zünden hat
Wer *feil* steht, greift
Werft es weg, damit es euch wieder schmackhaft wird
Wer hat dein Herz betrübt
Wer hier hinab will
Wer hier nicht lachen kann, soll hier nicht lesen
Wer jetzt nicht hundert *Reime* hätte
Wer kitzeln will, ist leicht zu kitzeln
Wer liebt mich noch
Wer liest die Zeichen
Wer nahm den letzten Rest von Glück
Wer nichts zu tun hat
Wer nicht tanzen kann mit Winden
Wer redet noch
Wer schuf ihn sich
Wer sich Gedanken macht – den haben *sie*
Wer *sich* nicht schrecklich ist, macht niemand Schrecken
Wer sich wickeln muß mit Binden

Wer sind mir Vater und Mutter
Wer viel einst zu verkünden hat
Wer wagte es auch
Wer wäre das, der Recht dir geben könnte
Wer wärmt mich, wer liebt mich noch
Wer will bezahlt sein
Wer wohnt den Sternen
Wes harrest du
Wessen harr ich hier im Busche
Wetterwolken – was liegt an euch
Wie
Wie alles – eitel sei
Wie aus Goldschächten
Wie da du durstetest
Wie das Schaf im Menschen
Wie das zappelt, zittert, springt
Wie die alten Dichter erzählen
Wie die längste Weile fleucht, kommt ein Mann
        zu uns gekreucht
Wie du, Gehängter
Wie ein Floh, so springt's, so sticht's
Wie ein Goldstrahl durch die Rosen
Wie einst du durstetest
Wie glückt mir alles, wie ich's treibe
Wie? hatten wir einen Weg
Wie hielt ich's aus, ohne anzubrennen
Wie? Ich ein Grabstein-Narr
Wie ich ihn einst sterben sah
Wie ich ihn einst sterben sah
Wie *kein* Pfeil, – fort von hier! Zu eurem Heil

Wie komm ich am besten den Berg hinan
Wie komme ich durch das Stadttor
Wie konnte sie lügen
Wie kraus und giftig macht
Wie lange noch? Dann kommen Mond und Sterne
Wie lange sitzest du schon
Wie läuft das hin, so voll, so breit
Wie meine Neubegier
Wie meine Ziegen
Wie mich übertaut
Wie mir so im Verse-Machen
Wie ruhig schlafen die Seelen
Wie schnell
Wie schön, die Welt zu verschlingen
Wie schön, so 'rumzufliegen
Wie schwebst du schirmend ob des bunten Baus
Wie selig wirst du – trunken sein
Wie sicher ist dem Unsteten auch
Wie sie, einer Tänzerin gleich
Wie? sie flieht vor meinen Blicken nicht
Wie sollten wir uns noch feind sein
Wie vergaß ich alles das
Wie Vernunft kommt – zur Vernunft
Wie wolltet ihr freien Geistes sein
Wie wunderlich und weise
Wie würd er sonst zu meinem Sterne
Wilden Gerölls, stürzenden Bachs
Will ich den Weg mir mit guten Sprüchen pflastern
Will ich schuldig sein
Willst du fliegen

Willst du geliebt sein
Willst du *hinein*
Willst du in Dornen greifen
Willst du in Höhen heimisch sein
Willst du nicht Aug und Sinn ermatten
Willst du nur der Affe deines Gottes sein
Willst du sie einstmals sehen
Willst du sie fangen
Willst du sie kaufen
Willst ihm sein kleines Leben lassen
Will tiefe, tiefe Ewigkeit
Will weise sein, weil's *mir* gefällt
Wind löscht das Licht, – Unheil in Hauf
Wirbeln wir den Staub der Straßen
Wir dachten übel voneinander
Wird mein Ehrgeiz zum Wurm
Wird's auch auf dem Kopfe stehn
Wird's Auge trüb, die Wange naß
Wird wohl noch *ein*mal licht
Wirf dein Schweres in die Tiefe
Wirf dein Schwerstes in das Meer
Wirf ihn höher, ferner, weiter
Wirft er suchend jetzt die Angel über sein Haupt
Wirft Schatten in seinem Lichte
Wir lieben dich
Wir neuen Unterirdischen
Wir waren uns zu fern
Wir *wollen* nicht ins Himmelreich
Wissentlich, willentlich
Wo alles rings

Wo bin ich doch? Ach, weit! Ach, weit
Wo bleibt ihr, Freunde? Kommt! 's ist Zeit! 's ist Zeit
Wo die Natur die schönsten Gaben streue
Wo du stehst, grab tief hinein
Wo Eichen ihre Häupter schütteln
Wo ein Drache am Hort der Liebe wacht
Wo Gefahr ist
Wo Haß und Blitzstrahl
Woher ihr seidner Rock
Wohin die Lieben
Wohin er ging? wer weiß es
Wohin ist, was man gut hieß
Wohin sind alle Guten
Wohin, wohin ist die Unschuld aller dieser Lügen
Wohlan, Sphinx
Wohlan! Zu meiner Hölle
Wohl dem, der jetzt noch – Heimat hat
Wohl keiner je gefunden
Wohlsein ließ! – ihr versteht
Wohl- und Wehe-Buch
Wo ich mein Leben büße
Wo jeder Tag und jede Stund aufs neue
Wo lang du sitzest
Wo lauten Jubel weit und breit
Wölbt sich mein Himmel, wehmuttrunken
Wo Leben *erstarrt*, türmt sich das Gesetz
Wolkensammler, o Herzenskündiger
Wollt ihr dann noch mehr – so machen
Wollt ihr meine Rosen pflücken
Wollt ihr meine Rosen pflücken

Wo lustig Vogelsang erschallt
Wo – mag es wohl weilen und verlassen trauern
Wo mein Heimat sei
Wonach wir nun auch sterben
Wo niemand wohnt, in öden Eisbär-Zonen
Wo nur du verzichtetest
Worauf doch eifersüchtig
Wo sind sie alle blieben
Wo stets der Himmel mit azurner Bläue
Wo Wald und Berge der Musen Aufenthalt
Wo weilt jetzt meine Tugend
Wozu die Leiter
Wozu – *mich* martern
Wozu so standhaft
Wozu, wozu *dir* – Wein
Wunderbar wahrlich
Wünschen und Einfällen
Wunsch und Hoffen ertrank
Würdiges Ebenbild

X

Y

Z

Zackicht reckt
Zahlt sie Tugend-Geplapper
Zarathustra *flucht*
Zarathustra ist kein Igel
Zarathustra seine Höhenfeuer an
Zarathustra's Reichtum über die Felder hin
Zehn Jahre dahin
Zehn Jahre dahin
Zermarterst meinen Stolz
Zerstich, zerstich dies Herz
Ziehe durch die Zeit
Ziehe ich alle Zukunft
Zieh ich des Weges, Sonne bald, bald Wolke
Zieht der fahle Rauch zum Walde
Zieht stets sich von selber auf
Ziellos und verhaßt
Zierlich, wie nach Takt und Maß
Zitternd vor bunter Seligkeit
Zitternd vor spitzen eisigen Frostpfeilen
Zu bald schon
Zucken die Blitze – doch schweigt der Mund
Zu deinen Füßen
Zu deinen Grab gegangen
Zu dem ihr wolltet
Zu den Hyperboreern finden
Zu deren Füßen mir

Zu dir den Lauf
Zu dir empor, zu dem ich fliehe
Zu einsam wuchs ich und zu hoch
Zu essen das, was stets ich aß
Zu fassen *scheut* – ihm gleich verbräunt, verbrannt
Zu fern sitzt schon der nächste Freund
Zu ihrer Seligkeit
Zu jedem Kilo Liebe
Zu jedem Müden sprechen: ruhe nun
Zu lange fürchtete er einen
Zu lange saß er im Käfig
Zu lange schon, gefährlich lange
Zu lang schon prüfst du mir Hand und Stirn
Zum Bilde worden
Zum düstern Wald hinaus
Zu meinem Grabe ziehen
Zum Flecken wurde es
Zum Grabe soll ich sinken
Zu mir im Morgenschein
Zu mir sich schleichen
Zum Lohn für diesen Überschwank
Zum Platzen schon ein kleiner Stich
Zum Teufel ging sein Kopf – nein! nein! zum Weibe
Zum Tone ist's zu früh am Tag, noch funkeln
Zum Vergangnen
Zu nah ist mir der Wolken Sitz
Zu neuem Leben, neuem Spiel
Zu oft sich gegen eigne Kraft gestemmt
Zu rasten
Zu reich bist du

Zur Erde niederquillt
Zur ewgen Heimat hin
Zur Gottes-Säule
Zur Höhe himmelwärts
Zur Höhe treibt's mit ewgem Triebe mich
Zur Hölle geht, wer deine Wege geht
Zur Kirche geht man und nach Haus
Zürnt mir nicht, daß ich schlief
Zur Tiefe blickt
Zurück, daß meine Wahrheit euch nicht den
      Kopf zertrete
Zurück! Ihr folgt mir zu nah auf dem Fuße
Zurückrief beiden
Zur Winter-Wanderschaft verflucht
Zu sitzen vergönnt ist. Sela
Zu tausend Wüsten stumm und kalt
Zutraulich, offenherzig
Zu viele machst du arm
Zu viele machst *du* neidisch
Zwängt ich Unendlichkeit
Zwar fehlt der Schrift die Deutlichkeit
Zwar ich leide, zwar ich leide
Zwar nicht so ferne wie mein Feind
Zweimal will ich leben
Zwiefacher Schmerz ist leichter zu tragen
Zwiesam im eignen Wissen
Zwillings-Kleinod
Zwischen der Ungeduld
Zwischen falschen Himmeln
Zwischen Fels und Dornenhecken

Zwischen Gott und Welt den Tanz
Zwischen Heiligen und Huren
Zwischen hundert Erinnerungen
Zwischen hundert Spiegeln
Zwischen schwarzen Steinen
Zwischen zwei Nichtse

Inhalt

Elisabeth Wandeler-Deck

Das Rauschen der Liste unter Verwendung einiger Zeilen

Das Rauschen der Ordnungen bei Aneignung vieler Zeilen. Mag sein, dass Gedichte immer auch Listen darstellen. Als solche aufgefasst werden können. Mag sein, Listen folgen den unterschiedlichsten Anordnungen, erstens, zweitens, A, B, C, Kategorien. Ein Katalog mag Listenform aufweisen. Einkaufsliste, to-do-Liste, Kostenvoranschlag im Bau, Alphabet als Ordnungsangebot. Das führt zur Frage nach der Liste als eigene Textform. Die hier vorliegt.

Daniele Pantano, HIMMEL-BIMMEL-BAM-BAM, alle Gedichte von Friedrich Nietzsche, bei Reclam[1] versammelt vor einiger Zeit. D.h. nicht beruhend auf der neuesten Ausgabe. Alle Gedichte dieser Ausgabe angeeignet und umgeordnet so: die Gedichtzeilen alphabetisch nach dem Anfangsbuchstaben der einzelnen Zeilen geordnet, aufgelistet, HIMMEL-BIMMEL-BAM-BAM, ein Ausruf der Verwunderung als Titel des vorliegenden Bandes. Was? Himmel? Bimmel, Bam. Bam.

Ein ähnliches Verfahren setzte Daniele Pantano, Dichter, Übersetzer, Verschieber, ein bei seiner Publikation "Orakl", einer Trakl-Appropriation. Im Unterschied aber zum vorliegenden Werk wird da der translinguale Aspekt deutlicher, denn der Umordnung der Trakl-

---

[1] 1964 bei Philipp Reclam jun. GmbH & Co., Stuttgart, mit einem Nachwort, herausgegeben von Jost Hermand

Gedichte voraus ging deren Übersetzung durch den Autor. Seine englische Stimme erklingt dort so: "I have translated. I have alphabetized. I have nothing to regret."

Jedes Gedicht eine Liste? Ich ordne dem Alphabet entlang und blättere in Wörterbüchern. Ich zähle auf und denke an Umberto Eco. Auf ihn zähle ich. Ich zähle Listen auf, numerische, alphabetische. Eindimensionale, mehrdimensionale. Einkauflisten, die Abfolge folgt einem der möglichen Zufälle. Tableaus, darunter fällt nicht bloss die Menge der magischen Quadrate, Herbert J. Wimmer. Zahlenordnungen, Buchstabenordnungen, Kategorien, bestimmen das Nacheinander von Zeilenanfängen, ich denke an Akrosticha. Konzepte, welche die Sprache zum Tanzen verführen mögen. Schreibe ich, auch dann, wenn ich auflise, was ich in eine interessante oder nützliche Ordnung bringe, auf einer Tafel, auf Seiten einbinde?

Schreibt Pantano, wenn er Vorgegebenes herausschreibt, in eine von ihm entschiedene Listenordnung bringt? Schreibt einer, der aus vorgegebenem Material eine Liste erstellt? Stellt sich hier gar die Frage nach dem Dichten als Schreiben? Nach dem Versagen des Schreibens, das etwas entstehen macht? Was sagt, wie versagt sie dann? Die Liste schreiben also, dem Versagen er sich und mich als Leserin aussetzt, des Schreibens. Und im Versagen des Zusammenhangs, der sinnvoll behauptet im vorgegebenen Gedicht, das auseinandergebrochen, entschrieben gar, neue Poesie lesen macht?

Eine Umschrift? Eine Auseinanderschrift, Aufsprengung? Jede Zeile, einzeln, zur Hand genommen, ausgelesen, regelrecht, die Regel mag sich gerne zeigen, gar leicht, macht sie sich, ist sie kenntlich, nein, sie verbirgt sich nicht, entbirgt sie, was, das Zeilige, Zeigige, das Zeilenhafte, des Lesens, Auslesens, herbeilesend, einer, ansonsten Autor; nun, Aneigner, Herauseigner, ein Pflücker, Ordner, von Neuem, anders, schon passiert es, ist es passiert, das Verwunderliche.

Oder ein Loslösen vom Sinn. Die Zeile entbunden aus dem Zusammenspiel der Strophe. Dabei entsteht jedenfalls ein artiges, eigenes Eigenartiges, ein Scheppern, Flirren, Singen, ein Stäuben, Sausen, Auseinander- und Zusammenstieben, neu und anders, alt und vertraut gar.

"Gedichte sind absonderlich und süß", so Ilse Kilic[2].

Das Versagen schreiben ohne zu schreiben, das Nichtschreiben, aus grösster Passivität, der Passivität nachschreiben, der vorgegebenen Regel "Liste" entlang? Nichtschreiben schreiben. Das Versagen schreiben als ein Versammeln, das ein absonderliches, süsses Klingen, Erklingen eines Alphabets hervorbringt.

Listen binden ein, führen zusammen, behaupten Ordnungen. Listen brechen auf, stören Abfolgen, künstlerische, natürliche, stören Rhizome, Geflechte, Ordnungen von Dingen, Wörtern, Worten, Zeilen, im vorgegebenen Fall als Elemente der, aller, Gedichte, Gedichtfolgen, von Dichtern, des vorgenommenen Dichters, Trakl, Nietzsche.

---

[2] Ilse Kilic: Gedichte sind absonderlich und süß, www.dfw.at/1/gedichte2.htm

Denn:

Kein Zufall, nein, nach Trakl nun Nietzsche. Um beide dem Rausch, der Ordnung auszusetzen, die die Listenform suggeriert.

Ach, das liebe "F"! Fliege fort! fliege fort / Fliege fort! fliege fort / Fliege fort! fliege fort / Fliege fort! fliege fort (S. 44). Eine Zeile vorgefunden, platziert nach den Vorgaben des Alphabets, wiederholt aus freiem Entscheid ja, genau diese Nietzsche-Zeile, ein mehrfaches Lesen, dabei, im Rückblick, entsteht ein Anblick, ein Klang eine perkussive Figur. Immer wieder, durchs Band, durch den ganzen Band, mit Pausen, beim Buchstaben C, bei den Buchstaben X, Y, diese drei haben bei Nietzsche keine Zeile generiert. Aha. Die Nietzsche'sche deutsche Sprache in Pantanos Textarchitektur, ein anderes Zusammenschwingen auch von fremd gewordener Sprache zu heutigem Sprachtun im Gedicht, die Frage nach dem Befremdlichen des Gedichts, der Lyrik, des konzeptuellen Tuns mag sich gestellt haben, nach der Schönheit gar.

Gedichte sind traurig und gewaltsam

Listen sind absonderlich und süss, behaupte ich, indem ich mich an jenen Satz von Ilse Kilic anlehne.

Listen sind traurig und gewaltsam. Sie tun Gewalt an, im Falle der Aneignung als einer Umordnung des vorgeschriebenen Gedichtkonvoluts.

"Eine Stimme kommt zu einem im Dunkeln." so Samuel Beckett, so das Geleitwort dieses Bands. In der vorliegenden Umordnung nach einem sehr heutigen Verfahren ist es die

Stimme einer sehr andern Zeit. Da jede Zeile ihre von Nietzsche gegebene Form beibehält, entsteht Neues, es erklingt fremde, vielleicht altertümliche deutsche Dichtersprache in neues Schwingen und Singen gebracht durch diesen auf den ersten Blick strengen, schematischen Ansatz der Alphabetisierung. Kein Analyseansatz, sondern Konzept. Im dichterischen Zugriff entstehen Räume für Möglichkeiten.

Das ordnende Alphabet greift über die bis ins Innere der Zeilen zupackende Umordnung in die dichterischen Formen ein, bringt die Zeilen in eine vom Alphabet abhängige, zugleich zufällige Anordnung, Abfolge. Nietzsches Gedichte sind Baumaterial, Umbaumaterial, Zeile um Zeile, und jede Zeile, in neuer Nachbarschaft, erklingt neu, es zeigen sich sonst verborgene Rhythmen, sonst unauffällige Wiederholungen, verborgen in den vielen, weit gestreuten Gedichten, die einen Zeitraum von beinah einem halben Jahrhundert spiegeln. Dies zuckersüsse Bimbambaumeln lässt eine betörende, heftige Minimalmusic voll neuen Sprachsinns entstehen.

DANIELE PANTANO, geboren 1976 in Langenthal, lebt als Dichter, Essayist, Übersetzer, Künstler, Herausgeber und Kritiker in Lincoln, England. Er ist Associate Professor (Reader) in Creative Writing an der University of Lincoln, wo er das MA in Creative Writing-Programm leitet. Mehr: www.pantano.ch

ELISABETH WANDELER-DECK (*1939) schreibt Prosa und Lyrik; und lebt und arbeitet in Zürich. In dieser Reihe erschien von ihr auch: „Da liegt noch ihr Schal" (2009); „Ein Fonduekoch geworden sein" (2013); „Das Heimweh der Meeres-schildkröten – Heterotopien der Nacht" (2015); „Visby infra-ordinaire. listen, würfeln, finden" (2018). Mehr: www.wandelerdeck.ch

FRIEDRICH NIETZSCHE (1844–1900) ist Friedrich Nietzsche.

Alphabetisiert wurde nach Zeichensequenz. Umlaute, Leer- und Satzzeichen wurden dabei nicht berücksichtigt. Formatierung und Rechtschreibung basiert auf der Reclam-Ausgabe „Gedichte" von 1964.

edition taberna kritika
Neuerscheinungen 2021/22

Jasmin Meerhoff
Knoten und Bäuche
ISBN 978-3-905846-65-2

Sebastian Winkler
texere [weben]
ISBN 978-3-905846-64-5

Hartmut Abendschein
Hartmann
ISBN 978-3-905846-63-8

René Luckhardt
Zwangsverwandtschaften
ISBN 978-3-905846-62-1

Christoph Simon
Die Dinge daheim
ISBN 978-3-905846-61-4

Tine Melzer
Ludwig & Gertrude
ISBN 978-3-905846-60-7

Ausführliche Informationen über unsere
Neuerscheinungen und das Gesamtprogramm finden Sie im
Internet unter www.etkbooks.com

edition taberna kritika
Gutenbergstrasse 47
CH - 3011 Bern
Tel.: +41 (0) 77 425 2 180
info@etkbooks.com | http://www.etkbooks.com